Tant qu'il y aura des Atomes

Dreux de Nettancourt

Tant qu'il y aura des Atomes

Petite Histoire de l'Univers et des Terriens

Essai

Préface
Pr Jean Dausset
Prix Nobel

LE CRI
EDITION

Distributions exclusives :

France
Casteilla
10, rue Léon Foucault
F-78180 Montigny-Le-Breton
Tél. : 01 30 14 19 30
Fax : 01 34 60 31 32

Suisse
L'Âge d'Homme
10, rue de Genève (c.p. 67)
CH-1000 Lausanne 9
Tél. : 21 312 00 95
Fax : 21 320 84 40

Diffusion C.E.D. **France**
73, Quai Deshayes
F-94200 Ivry-sur-Seine
Tél. : 46 58 38 40
Fax : 46 71 25 59

Belgique
Vivendi Universal Publishing Benelux
Boulevard de l'Europe, 117
B-1301 Wavre
Tél. : 010/42 03 20
Fax : 010/41 20 24

Canada
Les Messageries ADP
1261-A, Rue Shearer
Montréal, Québec, H3K 3G4
Tél. : (514) 523-1182
Fax : (514) 939-0406

Autres
Le Cri
Rue Guillaume Stocq, 43
B-1050 Bruxelles
Tél. : 32 (0) 2/646 65 33
Fax : 32 (0) 2/646 66 07

Catalogue sur simple demande.

ISBN 2-87106-310-9

Imprimé en Belgique
D/2002/3257/14

PRÉFACE

par
Jean Dausset
Prix Nobel

C'est avec joie que, d'un trait, j'ai lu ce livre facile à lire malgré la matière ardue qu'il traite avec rigueur et humour.

On ne peut qu'admirer l'art avec lequel l'auteur présente des notions scientifiques les plus arides à une jeunesse la plupart du temps peu préparée, peu réceptive. C'est le but recherché, c'est le but atteint.

En quelques pages ailées (cf Homère), lumineuses, la fresque de l'Univers tel que la science le voit à l'heure actuelle se déroule devant nos yeux ébahis. Et c'est à une véritable aventure — le mot est bien faible — à laquelle on assiste. Unc aventure qui débute il y a 12,5 milliards d'années par le big-bang pour se poursuivre et, j'espère se poursuivra longtemps avec les dernières découvertes de la physique des atomes et des quarks, avec le décryptage du génome humain et toutes les merveilles qui s'annoncent.

J'ai dit merveilles, certes elles le sont mais toute médaille a un rcvers. Ce livre a pour mission, pour ambition avouée d'instruire les jeunes générations et de les mettre en garde contre les utilisations abusives ou dévoyées des retombées technologiques des découvertes. Je suis particulièrement sensible à cet aspect étant président d'un mouvement * qui s'est donné comme tâche d'informer le grand public d'une manière objective et compréhensive afin que la science soit mise au service de l'homme et non à son détriment. Son slogan : *« l'homme ne doit plus passivement subir son sort car il peut désormais orienter lucidement sa destinée ».*

La vue d'ensemble proposée dans ce livre aux jeunes leur permettra de se familiariser avec leur Univers, dans lequel ils sont jetés (sans l'avoir demandé). Jetés sur ce caillou, cette planète à laquelle ils devront apporter tous leurs soins si nous-mêmes, adultes, n'avons pas été capables d'en empêcher la détérioration. La pauvre, soumise à la déforestation, la désertification, la stérilisation des terres, le changement de climat, la pénurie d'eau douce, le taux terrible d'extinction des espèces vivantes, la raréfaction rapide des réserves d'énergie fossile, pétrole et gaz, sans compter les risque dus à la folie des hommes, comme les guerres atomiques ou biologiques. Certes, le constat est sévère, mais faut-il pour autant baisser les bras ? Non, je suis persuadé qu'il s'agit d'une crise d'adaptation de l'humanité. La capacité d'adaptation de l'espèce humaine est formidable. Mais celle-ci ne se fait qu'au pas lent des générations alors que la révolution technologique, ultra-rapide, nous dépasse. Gageons que l'adaptation se fera, et d'autant mieux que les jeunes seront avertis en temps utile, car toute connaissance est une libération et toute ignorance est une limitation. Je m'excuse de donner cette note pessimiste en préface à un livre qui respire l'optimisme. J'ai cru devoir le faire.

---

* Le Mouvement Universel de la Responsabilité Scientifique : 45 Rue de Saints Pères, F 75006 Paris.

Dans la dernière partie, l'auteur nous donne le choix entre deux explications à la beauté de la nature et des mécanismes subtils de l'évolution. Dans les deux cas il admet une évolution lente, s'opposant au fixisme de Cuvier. Donc, là encore une adaptation, au climat et aux ressources alimentaires disponibles. Pour les uns cette adaptation serait le fruit du « Hasard et de la Nécessité » à la Jacques Monod ; pour les autres, elle serait orchestrée par une volonté créatrice à la Teilhard de Chardin. Certes, il n'y a pas de preuves indiscutables en faveur de l'une ou de l'autre théorie, mais il m'est personnellement difficile de croire que cette intelligence supérieure ait instauré la loi du plus fort, la loi de la jungle — tout au moins dans le règne animal — à laquelle l'homme lui est aussi soumis.

Mais voilà, ici est la grande fierté de l'homme, celle d'aller à l'encontre de cette loi d'airain, d'aller contre la nature en tentant depuis de siècles d'établir une humanité fraternelle. Fierté aussi des médecins de lutter contre la nature qui veut la mort pour permettre l'évolution.

Je ne peux que recommander la lecture de cet ouvrage, qui — on le sent — a été écrit dans la jubilation, celle d'appréhender une conception globale, rassemblant en un récit concret et cohérent l'enssemble de nos connaissances scientifiques actuelles, en les présentant avec humour à nos « cadets », comme nous appelait mon maître Robert Debré.

Jean Dausset,
Prix Nobel

Jean Dausset a reçu le Prix Nobel de Médecine en 1980 pour la découverte du système majeur d'incompatibilité qui assure l'essentiel de notre défense contre les maladies, détermine l'unicité génétique de chacun d'entre nous et conditionne les greffes d'organes (voir aussi page 72).

Membre de l'Institut, Professeur Honoraire au Collège de France, Fondateur et Président du Centre d'Étude du Polymorphisme Humain, Jean Dausset a aussi beaucoup contribué à la création des Centres Hospitaliers Universitaires (CHU) en France et préside le Mouvement Universel de la Responsabilité Scientifique. Il respecte l'homme (voir page 109).

Mais Jean Dausset n'a pas fait que cela, tant s'en faut, et il faut lire son livre (Dausset, 1998) pour découvrir d'autres orientations et d'autres engagements. Je cite au hasard, en plus de son talent de chercheur et de médecin : une passion pour le train à crémaillère de la Rhune, la pratique du scoutisme « individuel », une comtesse blonde comme les blés, le tri des blessés de guerre à Pont-du-Fahr près de Tunis, la lecture des *Nouvelles nourritures terrestres*, la création d'une librairie d'avant-garde et d'une galerie d'art à St Germain des Prés. Bref, quelques exemples, parmi beaucoup d'autres, de ce qui peut résulter d'un mélange de gènes bourguignons, lorrains et pyrénéens.

À mes petits-fils, Clément et Aurélien,
en leur souhaitant de développer au fil des années
le goût de l'essentiel et de la vérité.

Remerciements

Je remercie tous ceux avec qui j'ai pu m'entretenir des différents sujets abordés dans cet ouvrage. Ma reconnaissance s'adresse tout particulièrement aux Professeurs A. Goffeau et M. Boutry, de la Faculté d'Ingénierie Biologique de l'UCL à Louvain-la-Neuve, pour leur aide et leurs encouragements continus. J'ai aussi pleinement bénéficié, au moment de tracer les frontières du livre et d'envisager sa publication, des excellents conseils de Monsieur Philippe Duvieusart.

Ma gratitude va également à mon fils Xavier, auteur des illustrations, et à ma femme, Gabrielle, pour une collaboration au traitement de texte et aux travaux de relecture qui ne cessa jamais.

D. de Nettancourt

Dans l'esprit de beaucoup d'entre nous, il est plus grave de ne pas connaître Mozart, le Cubisme ou Venise que de se désintéresser de la Théorie des Cordes, de l'âge de notre planète ou des liens génétiques qui nous unissent aux singes et aux lémuriens.

Cela est regrettable. Les connaissances qui contribuent vraiment à une meilleure compréhension de l'univers et de l'origine de la vie ou au développement harmonieux de l'espèce humaine dans son environnement devraient devenir, au prix d'un important travail de vulgarisation, partie intégrante de notre culture.

L'effort à accomplir est parfois moins difficile qu'il n'y paraît. L'astronomie a commencé il y a environ 20 000 ans, avec l'observation des phases lunaires. Le langage ADN (un alphabet de 4 lettres pour un vocabulaire limité à 64 mots de trois lettres chacun) est plus simple que la langue russe, le système Morse ou les enchères codifiées du Bridge. Un enfant de 14 ans peut comprendre les principes et les conséquences de la Sélection Naturelle.

INTRODUCTION

Mon objectif est de présenter à la génération montante un résumé de ce qui nous paraît important pour savoir d'où nous venons et pour rêver à ce que l'homme pourrait entreprendre et espérer.

Mon propos part d'assez loin, aux premiers millionièmes de seconde qui ont suivi le big bang et le jaillissement des galaxies. Il traverse ensuite la Voie Lactée, s'intéresse aux techniques qui permettent d'analyser la lumière des étoiles, échappe à de nombreux trous noirs, parcourt le système solaire et survole la planète Terre. La formation des premières parcelles de vie, l'évolution des espèces, une brève revue des méthodes disponibles pour l'étude de la diversité génétique, l'apparition des primates, la sortie du genre *Homo* dans la savane africaine sont relatées.

Tout le reste se rapporte à l'homme, ses migrations, ses découvertes et ses perspectives à brève échéance. Son comportement, depuis son émergence, est à la fois admirable et pitoyable, et je tente de décrire certains des dangers qui peuvent retarder son épanouissement ou menacent carrément son existence.

Enfin, je parle un peu de Dieu et des Golden Boys de la 17ᵉ dimension.

La Pointe du Blair (Morbihan), 2 mai 2002

DANS LA NUIT NOIRE ET DÉSERTE, IL Y A LONGTEMPS...

Au début du XXe siècle, l'univers était généralement considéré comme un ensemble fini, statique et immuable. Il fallut attendre les recherches entreprises après la grande Guerre (1914-18), et particulièrement les calculs du chanoine Lemaitre, un brillant savant belge, pour que soit proposée, et adoptée par la très grande majorité des chercheurs d'aujourd'hui, l'hypothèse du big bang et de l'univers en extension. L'idée de Lemaitre fut d'expliquer le jaillissement de l'univers sous forme de matière et d'énergie par l'explosion fulgurante d'un « œuf cosmique » contenant un noyau de matière extraordinairement concentrée et comprimée. Les astronomes contemporains, qui font remonter cette explosion à environ une douzaine de milliards d'années, s'accordent à reconnaître qu'elle donna naissance à l'Univers, au temps et à l'espace. Ce fut la construction de l'infiniment grand (les étoiles, les galaxies, les amas de galaxies) par l'infiniment petit (les particules subatomiques et les atomes *).

* L'atome est la brique de l'univers. Il y en a des grosses et des petites mais toutes possèdent un ou plusieurs protons, qui constituent le noyau, et au moins un électron qui tourne autour du noyau comme la terre autour du soleil. À l'exception de l'hydrogène, le noyau des atomes contient également un ou plusieurs neutrons. Toute la matière autour de nous, l'arbre de la rue, la fumée, notre nez, le chat des voisins, l'eau du robinet, est composée d'atomes. La lumière, elle, est constituée de petits paquets d'énergie appelés photons.

L’œuf cosmique…

Jusqu'à présent, ces deux aspects de l'univers avaient été expliqués par deux théories différentes, la théorie de la relativité dans le cas de l'infiniment grand et la théorie des quanta pour l'infiniment petit. Je n'en n'écrirai, ici, pas davantage sur ce sujet, mais retenons simplement que la mécanique quantique, si elle rend parfaitement compte du comportement des particules élémentaires qui composent les atomes, n'explique en rien l'infiniment grand.

De même, la théorie de la relativité permet la compréhension de l'infiniment grand, et plus particulièrement des rotations d'étoiles et de galaxies à l'échelle géante de l'univers, sans pour autant interpréter l'infiniment petit. Les deux théories ne sont ni compatibles ni interchangeables.

Les forces en présence

Il existe 4 grandes forces dans notre univers. L'une d'entre elles, la gravitation, appartient à l'infiniment grand. Elle provoque l'attraction des corps les uns vers les autres. C'est elle qui explique les trous noirs, le mouvement de la Terre autour du soleil et la chute sur Terre des pierres que nous lançons en l'air.

Les trois autres forces interviennent au niveau de l'infiniment petit. Il y a tout d'abord la force électromagnétique dont les photons, qui composent la lumière, sont les plus petits paquets d'interaction. Nous lui devons beaucoup : la radioscopie, l'électricité, la télévision, l'informatique… Il existe aussi une force nucléaire puissante. Elle tient ensemble les minuscules particules qui entrent dans la composition du noyau des atomes — en particulier des quarks qui composent les protons et les neutrons —. On trouve enfin une force nucléaire faible, dont je n'aurai guère l'occasion de parler, qui intervient lors de certaines désintégrations de noyaux d'atomes.

Une troisième théorie

Comme je viens de l'écrire, la théorie quantique et la théorie de la relativité sont incompatibles. Pour aller plus loin, certains scientifiques, notamment des physiciens, ont essayé d'expliquer l'univers en conciliant les deux théories. Ils ont formulé la théorie des « cordes » (voir encadré p. 19) d'un univers à un grand nombre de dimensions spatiales dont seulement trois (largeur, longueur et profondeur) se seraient déroulées au moment du big bang.

Particules et rayonnements électromagnétiques précipités dans l'espace

Juste après le big bang, peut-être lors du très court instant pendant lequel l'univers pourrait avoir connu une gigantesque extension exponentielle (voir paragraphe suivant), une quantité extraordinaire de toutes petites particules (surtout des électrons, et aussi plusieurs variétés de quarks qui se combinaient entre elles pour former d'autres particules plus grandes, les neutrons et les protons) furent donc projetées à très grande vitesse dans toutes les directions de l'espace. Elles étaient accompagnées par d'intenses rayonnements, appelés électromagnétiques, qui correspondent à l'émission dans l'espace d'un nombre affolant de petits paquets d'énergie, les photons. Le matériau de l'univers avec lequel seront fabriqués les différents atomes (mot qui signifie « indivisible » en grec, c'est-à-dire la plus petite quantité d'un élément donné, comme le fer, le carbone, le plomb ou l'oxygène) qui nous composent, nous et tout ce qui nous entoure, se libérait et avec lui l'énergie nécessaire pour entreprendre ce travail.

MUSIQUE DE L'UNIVERS : LA THÉORIE DES CORDES

Micromégas, bien meilleur observateur que son nain , vit clairement que les atomes parlaient...

Voltaire

Les deux théories qui permettent l'analyse de l'univers ne sont pas interchangeables. La **mécanique quantique**, qui décrit le monde des atomes, des particules et de la lumière, ne s'applique pas à l'infiniment grand et à sa force principale, la gravité. La **relativité**, qui rend compte de l'infiniment grand à l'échelle des galaxies, des étoiles et des planètes, n'interprète pas l'infiniment petit et ses trois forces principales (nucléaires ou électromagnétique).

La théorie des **Cordes** — il vaudrait mieux parler d'une hypothèse de travail — unifie ces deux théories et ces quatre forces. Elle prévoit que chacune des particules élémentaires de matière qui constituent les forces est une corde minuscule soumise à une tension de l'ordre du milliard de milliards de milliards de milliards de tonnes. La masse et la charge des différentes particules résultent de la façon dont vibrent leurs cordes respectives. C'est ainsi que se spécifient les différents ingrédients de l'univers : les composants de l'atome (électrons, neutrinos, quarks, muons et taus), les gravitons qui interviennent dans la gravité et les particules d'interaction des quatre forces. Des calculs (compliqués) montrent que le modèle nécessite au moins **10 dimensions spatiales** et **une dimension temporelle**. La présence de seulement trois dimensions spatiales dans notre univers indique que les 7 dimensions non exprimées n'étaient pas déroulées lors du big bang et sont demeurées microscopiques et entortillées.

Une extension de la théorie des cordes suggère que les 4 forces de l'univers s'unissent complètement à partir de températures supérieures ou égales à celles qui ont, au millionième de seconde près, immédiatement suivi le big bang.

À lire absolument : *L'Univers élégant*, B. Green, 2000.

Un gaz photonique partout à la même température

Tout modèle cosmologique, qu'il s'agisse du big bang standard, comme on l'appelle au supermarché, ou de la théorie des Cordes, doit expliquer pourquoi l'espace universel actuellement rempli de photons (400 millions au M^3), et notamment les parties de l'univers très éloignées les unes des autres, sont partout à la même température. À cette fin, plusieurs équipes de chercheurs ont proposé un modèle cosmologique inflationniste (voir Green 2000). Ce modèle prévoit une formidable accélération de l'extension de l'univers pendant un temps très court (de l'ordre du millionième de seconde) qui a immédiatement suivi le big bang. Pendant cette minuscule fraction de seconde, l'univers a enflé à un rythme exponentiel extraordinairement élevé. Au moment de cette extension dans l'extension, la matière, encore très regroupée, diffusait une température uniforme. Durant sa projection, pratiquement instantanée aux quatre coins de l'univers, l'uniformité thermique s'est maintenue et se retrouve dans le gaz photonique de l'univers contemporain.

La formation des atomes

Alors que la température s'abaissait à 4 milliards de degrés, le nouvel univers, encore homogène et sans structure, était toujours à l'état de soupe primordiale. Aux alentours du milliard de degrés, le premier atome léger, l'hydrogène (un proton p, autour duquel gravite un électron e), était constitué, suivi par la naissance du deutérium (1 p, 1 neutron n, 1 e), de l'hélium 3 (2 p, 1 n, 2 e), de l'hélium 4 (2 p, 2 n, 2 e), du lithium 6 (3 p, 3 n, 3 e), du lithium 7 (3 p, 4 n, 3e) *… Ainsi, la matière commença à

* Souvenons-nous qu'il y a dans un atome stable autant d'électrons (à charge électrique négative) qui gravitent autour du noyau de l'atome qu'il

Ils n'en sont qu'au stade de la soupe primitive ! On s'est encore trompé d'univers ou de dimension…

s'organiser, à se stabiliser progressivement et à se découpler du rayonnement qui lui était associée au moment de l'explosion.

La naissance des étoiles et des galaxies

Environ 500 000 ans après le big bang, la matière continuait de se libérer, sous forme gazeuse quand elle était très chaude, à des vitesses prodigieuses. Elle donna naissance à des milliards d'immenses nuages de gaz et de poussières (les protogalaxies) qui s'effondraient sur eux-mêmes pour devenir de gigantesques amas de matière, aux formes les plus diverses, pivotant autour d'un axe central tout en s'écartant à grande vitesse du centre de l'explosion. Sous l'effet contraire de la gravité, qui aspire la matière vers le centre de la future étoile, et de la poussée de cette matière vers l'extérieur (effet de la force centrifuge libérée par la rotation du nuage), la formation de la future étoile s'accompagne d'un énorme jet de matière et d'énergie qui peut s'étendre sur des milliards de kilomètres. Pendant ce temps, le centre de la protoétoile devient de plus en plus dense et finit par atteindre les températures extraordinaires qui produisent la fusion de noyaux d'atomes légers accompagnée d'un dégagement considérable d'énergie. Un nouveau soleil est né.

Les premières étoiles et les galaxies qu'elles formaient apparurent au bout d'un milliard d'années.

---

y a de protons (à charge positive) dans le noyau de cet atome. Certains atomes, particulièrement abondants dans la soupe primitive et lors de la formation des étoiles, sont instables et émettent spontanément des rayonnements (photons et/ou corpuscules atomiques) avant de devenir stables ou d'entreprendre une nouvelle série de désintégrations. Dans l'univers contemporain, ces atomes instables sont généralement des éléments lourds où le nombre de neutrons, de protons et d'électrons est élevé et où le rapport neutrons/protons est supérieur à 1.

Une grande diversité au royaume des étoiles

Il existe de très nombreux types d'étoiles dans les galaxies : des naines et des géantes, des jeunes et des vieilles, des blanches, des bleues, des rouges, des jaunes, des brunes et même des noires que l'on ne voit pas, des doubles et des multiples (qui tournent les unes autour des autres), des pulsars (sources fluctuantes d'ondes radio), et des quasars. La « quasi star » est probablement une étoile, très lointaine et aussi brillante qu'une galaxie toute entière, ou peut-être aussi le big bang d'un autre univers ! Pour certaines de ces étoiles, on a pu déterminer par l'analyse de leur lumière (lire plus loin), l'ensemble des caractéristiques essentielles. Plus on regarde loin dans le ciel, plus les galaxies et les étoiles que l'on voit sont vieilles, plus elles vont vite et plus on plonge dans le passé, près du moment où le big bang se produisit.

Ce que nous dit la lumière des étoiles

Mais comment peut-on analyser la lumière, et comment sait-on tant de choses sur ces étoiles et ces galaxies qui ne sont, pour nous, quand nous les regardons — et nous n'en percevons qu'une infime partie —, que des petits points brillants dans le ciel de Bretagne ?

C'est moins compliqué qu'il n'y paraît. Il s'agit notamment de faire passer dans un prisme (un objet en matière transparente, à section triangulaire ou quadrangulaire, qui dévie différemment chacun des constituants de la lumière) la lumière stellaire ou galactique qui nous apparaît à l'œil nu comme un point brillant. Exactement comme la lumière du soleil est décomposée en un arc en ciel lorsqu'elle traverse des gouttes de pluie dans l'atmosphère, ce passage de la lumière stellaire ou galactique dans un prisme la décompose en un spectre de couleurs différentes. Comme ce spectre est spécifique de l'élément qui est à l'origine du rayonnement lumineux et de sa température, on peut identifier les matériaux stellaires qui nous envoient leur lumière et évaluer leur refroidissement depuis le big bang. Il est également possible de déterminer la direction suivie par l'objet observé. S'il s'éloigne de nous, la longueur d'onde * de la lumière que nous recevons augmente, et son spectre se décale vers le rouge. S'il se rapproche, le décalage se fera, à l'autre extrémité du spectre, vers le bleu ou au-delà. On observe ce même effet (l'effet Doppler) en comparant le sifflement d'un train qui s'éloigne à celui d'un train qui s'approche ; dans le premier cas il est grave, dans l'autre aigu.

C'est donc grâce à l'analyse du spectre de la lumière des étoiles que l'homme a pu calculer avec exactitude la dimension, la distance, la vitesse, la température et la composition des étoiles les plus proches de lui. L'indispensable concours de l'appareil photographique a permis de son côté la détection (par de longues expositions) des rayonnements très faibles ou la comparaison de la lumière des étoiles en fonction de différentes positions de la terre par rapport au soleil. Et ce n'est pas fini, car les techniques pour voir mieux, et plus loin, ne font que s'améliorer ! Il est maintenant possible de détecter la lumière invisible (c'est-à-dire après le rouge, l'infrarouge, l'ultraviolet et au-delà) qui nous parvient de tous les coins de l'univers et de réviser à la hausse, sans oublier les trous noirs (voir le début et la fin de ce chapitre), la quantité de matière et d'énergie que contient

---

* La longueur d'onde d'une vibration émise par un système oscillant (par exemple le battement d'aile d'un oiseau qui le maintient immobile en l'air) correspond à la distance qu'elle parcourt dans l'espace de temps défini par deux passages successifs du système oscillant. Pour comprendre, il suffit de jeter des petites et des grosses pierres dans une mare et observer, dans chaque cas, la fréquence et le rayon des cercles concentriques (ondes) qui se forment à la surface de l'eau.

l'univers. Qui plus est, grâce au télescope Hubble, l'astronomie dans l'espace, en dehors de toute interférence atmosphérique, est devenue une réalité.

Un univers en marche et une matière encore très mal connue

Chaque galaxie se compose donc de milliards d'étoiles et s'éloigne à très grande vitesse (proche de la vitesse de la lumière) des autres galaxies. Cet éloignement s'effectue comme si les galaxies et les étoiles, qui les constituent, étaient disposées sur différentes couches concentriques à l'intérieur d'un ballon (dont le centre serait l'origine du big bang) que l'on gonflerait indéfiniment.

Dans la plupart des cas, les éléments lourds de l'univers (atomes dont les noyaux contiennent beaucoup de protons et de neutrons) trouvèrent leur origine au cœur des étoiles, par fusions nucléaires successives d'éléments légers qui dégagent d'énormes quantités d'énergie dans l'espace. C'est ainsi, par exemple, que l'hélium donna naissance au carbone, dont nous connaisssons l'importance essentielle pour les habitants de la Terre. Après des contractions successives qui produisent de très nombreuses réactions thermonucléaires, l'étoile termine son cycle de fusions nucléaires et explose (supernova) ou s'effondre progressivement en se refroidissant. C'est ce refroidissement qui éteindra notre soleil dans 5 milliards d'années. Les choses pourraient être pires. Dans les étoiles super massives, par exemple, on assiste à l'effondrement gravitationnel du cœur de l'étoile qui aboutit vraisemblablement à la formation d'un trou noir (Taranowski 1992), c'est-à-dire une région de l'espace où la matière est si dense que même la lumière ne peut s'en échapper. C'est un avaleur de matière, constitué, selon certains, de particules neutres extrêmement lourdes dont l'appétit et la masse augmentent continuellement avec la nourriture qu'on lui apporte. Notre galaxie abriterait un énorme trou noir, d'une masse qui serait plusieurs milliards de fois la masse du soleil (Ouyed 1998). Il nous engloutira peut être un jour.

De nombreux astronomes voient dans les trous noirs (c'est une façon de parler, car seuls leurs effets sur la matière et la lumière nous permettent de suspecter leur présence *) l'origine de futurs big bangs et de nouveaux univers (voir Green 2001).

Pour certains experts, les éléments chimiques de l'univers et les rayonnements qui peuvent les accompagner ne constituent qu'une faible partie de la masse totale. Le reste serait composé de matière invisible, formée de particules exotiques et d'énergie à gravitation inversée qui, contrairement aux trous noirs, repousse les objets passant dans son voisinage. Qui plus est, le vide lui même pourrait générer, dans certains cas, un champ de forces rempli de corpuscules inconnus. Il s'agirait de la quintessence, une matière inextensible et incompressible.

Quoi qu'il en soit, notre univers est un univers accommodant ; il contient une quantité de matière (on parle de densité critique) qui est à la fois assez forte pour empêcher une extension si brutale que l'univers serait rapidement vide, et assez faible pour éviter qu'il ne se replie sur lui même **. En plus de cela, cet univers (ou à tout le moins l'infime partie occupée par notre système solaire) satisfait à des conditions, indispensables aux terriens, qui ne seraient pas forcément remplies dans d'autres univers. Nous exi-

* Ce n'est pas tout à fait exact. La matière qui s'engouffre dans un trou noir émet un rayonnement avant de disparaître.

** En fait, on ne sait pas très bien si notre univers s'épandra indéfiniment dans l'espace. Tout dépend de la quantité de matière visible et invisible (que l'on analyse en mesurant ses effets gravitationnels). Si cette masse est faible, sa force d'attraction ne pourra empêcher la course des galaxies et l'extension continue d'un univers qui deviendra noir et glacial.

geons, en effet, une atmosphère respirable, la proximité d'une source de chaleur et de lumière, une pesanteur tolérable, de l'eau et tous les atomes, dont bien sûr le carbone, qui sont constitutifs de la matière vivante ou nécessaires à son maintien. Dans notre système solaire, tel qu'il est actuellement, seule la Terre semble réunir l'ensemble de ces conditions.

En revanche, les probabilités en faveur d'une vie — peut-être très différente de la nôtre — autour d'autres étoiles de notre univers me paraissent élevées. Il y a en effet des millions de galaxies, plusieurs milliards de soleils par galaxie et, sans aucun doute, des planètes autour de beaucoup d'entre eux *. La formation de planètes dépend, en fait, de la masse de la nébuleuse qui se transforme en soleil et de sa vitesse de rotation. Ce n'est que si cette dernière est nulle ou faible que la gravité concentrera toute la matière en un soleil unique et qu'il n'y aura aucun matériau pour la constitution éventuelle de planètes ou d'étoiles doubles à partir du protosoleil. Pour y voir plus clair retournons à nos livres de physique sur les couples et les moments d'inertie. En attendant, la chasse aux planètes de l'univers a commencé. Il faut s'y intéresser !

---

*Depuis assez longtemps déjà, des analyses au Jet Propulsion Laboratory (à Pasadena, USA) de la trajectoire non rectiligne de certaines étoiles et/ou de la distribution non homogène des accrétions de poussières et de gaz autour de ces soleils avaient suggéré des forces d'attraction pouvant résulter de la présence de planètes en orbite. Ces planètes, si elles existent, sont cependant trop petites pour être observées avec les instruments dont nous disposons aujourd'hui. La NASA a toutefois diffusé une photographie prise par le télescope Hubble de ce qui pourrait être une planète à proximité d'un système d'étoiles double. Très récemment, la NASA, toujours elle, a officiellement annoncé la découverte par Hubble de HB 209 458, une planète de la taille de Jupiter, qui gravite autour d'une étoile de la dimension de notre soleil, à quelque 150 000 années lumière du Blair. HB 209 458 est aussi proche de son étoile que Mercure de notre soleil. Il y fait très chaud (1 100 ° C) et la planète possède une atmosphère contenant des traces de sodium. Après cette dernière découverte, de nombreuses planètes (une centaine) ont été signalées dans différentes portions de l'univers.

La voie lactée

C'est notre quartier, notre arrondissement ! Composée d'un ensemble d'une douzaine de galaxies nouées les unes aux autres, elle fait penser à un disque plat à ses extrémités. Parce que la Terre se situe en bordure de ce disque, la Voie Lactée ressemble, à nos yeux, à une large ceinture lumineuse en travers du ciel. Elle comprend une centaine de milliards d'étoiles et s'est formée, comme la majorité des autres galaxies, il y a environ huit milliards d'années.

Il a fallu attendre quelques milliards d'années de plus pour la formation du soleil et de ses planètes.

Pour en savoir plus :

F. Golden (1977), *Quasars, pulsars and black holes (a detective adventure of our universe-and beyond !),* A kangaroo book. Pocket Book editor, New York, pp 160

B. Green (2000), *L'univers élégant.* Édition R. Laffont, Paris, pp 470

B. Heuvelmans (1944), *L'homme parmi les étoiles.* Éditions G. Delforge, Paris, pp 238

R. Ouyed (1998), *Des trous noirs aux proto-étoiles, les jets sont partout.* La Recherche 310 : 46-50

M. Rees (2000), *L'exploration de l'univers.* Pour la science 267 : 40-44

H. Reeves (1981), *Patience dans l'azur.* Édition du Seuil, Paris, pp 241

H. Reeves, J. de Rosnay, Y. Coppens, D. Simonnet (1996), *La plus belle histoire du monde (les secrets de nos origines).* Édition du Seuil, Paris, pp 165

R. Schaeffer (2000), *La matière noire manque toujours à l'appel.* La Recherche 331 : 25-28

D. Taranowski (1992), *Scènes de violence dans l'univers.* Science et Vie 899 : 120-162

S. Vauclair (1996), *Du big bang aux étoiles : la genèse de la matière.* La Recherche 287 : 46-49

LE SYSTÈME SOLAIRE

Traitons maintenant du soleil, des planètes qui gravitent autour de lui et, plus particulièrement, de la Terre, notre planète, dont l'atmosphère et le climat ont permis à la vie d'apparaître, d'abord de façon très rudimentaire, et de se développer avec la complexité et la prodigieuse diversité que nous lui connaissons aujourd'hui.

Naissance du soleil et origine de ses planètes

Située en bordure de la Voie Lactée, cette étoile jaune, de taille moyenne, se forma il y a 4,6 milliards d'années, à une époque où la gravité avait repris une partie de son rôle dans la galaxie. Son origine fut un colossal nuage de gaz et de poussières en rotation qui s'effondra sur lui même avec, au centre de sa masse, une température et une pression telles qu'elles allumèrent, comme cela s'etait passé auparavant pour des milliards et des milliards d'étoiles, une immense fournaise thermonucléaire. C'est cette fournaise gazeuse qui produit, et produira encore pendant quelques milliards d'années, au travers d'innombrables réactions atomiques de fission (division d'un atome donné en deux ou plusieurs parties) et de fusion (un atome fusionne avec un autre atome), la chaleur et la lumière indispensables à la vie terrestre.

Pendant que le cœur du soleil se constituait, la matière composant la partie non effondrée du nuage proto-solaire était soumise à deux forces différentes, la gravitation dirigée vers la partie affaissée et tassée du nuage et la force centrifuge, perpendiculaire à l'axe de rotation du nuage (voir aussi le premier chapitre). Le futur soleil fut peut-être ainsi entouré de gros agglomérats de poussière venant du nuage proto-solaire qui tournèrent autour de lui sur des orbites définies par la résultante de ces deux forces. Il est également possible qu'un phénomène d'accrétion (un processus d'agglomération ou de rassemblement) de poussières cosmiques soit intervenu à ce moment pour former des petits agrégats de matière autour du futur soleil. Un bombardement intense de météorites les aurait transformés, en quelques centaines de millions d'années, en objets de la taille des planètes actuelles. Cette hypothèse est renforcée par les observations réunies par le programme Apollo, dans les années 1960, qui ont révélé une extraordinaire abondance de chutes de météorites au moment de la formation des planètes. Quoi qu'il en soit *, enfants directs du soleil ou cousins du cosmos, de nombreux objets hétéroclites, dont les plus gros furent appelés « planètes », circulaient désormais en orbites variées autour du soleil.

Le soleil qui se lève devant ma fenêtre, au-dessus de l'anse de Baden (Morbihan), par une belle matinée de juin (ou en plein hiver car il fait toujours beau en Bretagne) est une sphère dont le rayon et la masse équivalent, respectivement, à 100 fois et 330 000 fois ceux de la terre.

* Voir notamment Balik (1997) pour la description de nouveaux modèles hydrodynamiques qui montrent que les nébuleuses planétaires pourraient résulter de l'interaction de vents de poussière et de gaz éjectés par une étoile.

Les planètes

La matière qui circule autour du soleil comprend notamment 9 planètes, 63 lunes (satellisées par les planètes) et une myriade d'astéroïdes et de comètes. Les noms des neuf planètes nous sont familiers et je renvoie au tableau 1. (ci-dessous) pour un résumé de leurs principales caractéristiques. Il est généralement admis que les premières à se

Tableau 1.

Quelques caractéristiques des planètes du système solaire h, j, a : heure, jour et année terrestres. Source : Laurie Grace, Scientific American, Oct. 1994

Distances du soleil (Terre : ca 149. 6 millions km)
Les plus proches : Mercure (57. 9 millions km), Venus, Terre
Les plus éloignées : Pluton (5, 909. 6 millions km), Neptune, Uranus

Diamètre à l'équateur (Terre : ca 12, 756 km)
Les plus grandes : Jupiter (142, 984), Saturne, Uranus
Les plus petites : Pluton (2, 350), Mercure, Mars

Longueur du jour (Terre : ca 24 h)
Le plus long : Venus (243j), Mercure, Pluton
Le plus court : Jupiter (9. 8 h), Saturne, Uranus

Longueur de l'année (Terre : ca 365 j)
La plus longue : Pluton (247. 7a), Neptune, Uranus
La plus courte : Mercure (88j), Venus, Terre

Densité (Terre : ca 5. 52 g/cc)
La plus forte : Terre (5. 52), Mercure, Venus
La plus faible : Saturne (0. 7), Uranus, Jupiter

Principaux éléments dans l'atmosphère (Terre : N, O, Ar)
Jupiter, Saturne, Uranus, Neptune : H, He, présence méthane
Venus : CO_2, N Mars : CO_2, N, Ar Mercure : traces Na, He, H, O
Pluton : méthane ? N ? CO ?

former furent les planètes géantes Jupiter (diamètre 142 984 kms) et Saturne (120 536 kms). Elles sont essentiellement composées d'hydrogène et d'hélium. En revanche, les planètes Uranus et Neptune, les plus éloignées du soleil, prirent naissance tardivement, à partir de matériaux riches en atomes différents et en molécules. Les basses températures auxquelles elles sont exposées les condamnent à des mélanges gelés d'eau, de méthane, d'ammoniaque et de poussières. À l'autre extrême, les planètes proches du soleil (Mercure, Venus, la Terre et Mars) ont été soumises lors de leur formation à des températures si hautes que les éléments les plus légers et leurs composés (eau comprise) furent souvent évaporés. On ne sait pas pourquoi ces planètes sont petites et rocheuses alors que les autres (sauf Pluton) sont géantes et gazeuses.

Parmi les différents satellites gravitant autour des planètes, les plus célèbres sont évidemment la lune, et Europe — qui tourne autour de Jupiter, et que l'on soupçonne, au vu des images prises par la sonde Galilée, d'abriter un océan d'eau liquide sous sa surface (Pappalardo *et al*. 2000) —. Il y a aussi l'astéroïde du Petit Prince… qu'il faut visiter.

À l'exception de Pluton, encore lui, qui est peut-être un ancien satellite de Neptune, les orbites des planètes sont sur un même plan. Cette harmonie suggère une origine commune (à partir du proto-soleil) et un même mécanisme de formation (formation dont on ne connaît pas la durée : quelques milliers d'années d'après certains, de 15 à 50 millions pour d'autres).

Météorites et comètes

Les météorites (paquets de matières extraterrestres qui ne se sont pas consommés en traversant notre atmosphère et sont tombés sur la Terre) et les comètes (petits paquets de matière, souvent gelés, qui accomplissent une orbite très allongée autour du soleil et présentent, en se rapprochant de lui, un noyau brillant et une traînée gazeuse) sont d'un grand intérêt pour la recherche astronomique. Ils nous donnent en effet des renseignements essentiels sur la nature et l'origine de la matière qui nous entoure. Ce sont des échantillons de notre système solaire, ou d'autres espaces stellaires, et d'un autre âge, que le ciel nous envoie.

Pour notre émerveillement (voir Bernstein *et al.* 1999) ces échantillons * contiennent parfois des hydrocarbures aromatiques polycycliques, des acides gras et, surtout, des acides aminés (c'est-à-dire des constituants des protéines) et des bases azotées (qui sont en fait la base de la mémoire génétique inscrite dans nos gènes). Ces molécules organiques (dont nous reparlerons souvent plus loin) se trouvent un peu partout, des météorites au milieu interstellaire, et la possibilité qu'elles proviennent de contaminations terrestres paraît exclue.

Planète Terre

Si l'on suit la thèse d'une origine de la terre par accrétion de météorites (*accrétion* : voir ce même chapitre, quelques paragraphes plus haut, à propos du soleil), il semble qu'il a fallu près de 100 millions d'années pour parvenir, à partir d'un premier bloc d'environ 10 kms de long, à la formation d'un objet aux dimensions de la terre (voir Allègre et Schneider, 1994). Le processus de formation aboutit, à partir de matériaux brûlants (poussières cosmiques, débris

---

* Des analyses ont été réalisées *in situ* (c'est-à-dire sur place) dans la comète Halley (celle là-même que nous avons pu voir du Blair) par les sondes *Vega* et *Giotto*. C'est cela la chimie moderne !

du proto-soleil et/ou météorites), souvent constitués d'atomes lourds et radioactifs, qui s'enfoncèrent vers le centre de la terre, à la mise en place d'une véritable fournaise. Cette fournaise, active pendant des millions d'années, est à l'origine de nombreuses éruptions volcaniques.

Les matériaux plus légers montèrent vers la surface pour donner naissance à l'enveloppe terrestre qui est constituée de grandes plaques, dites lithosphériques, formées d'une partie supérieure, la croûte — qui peut être océane ou continentale — et du manteau. Ces plaques bougent et se déplacent les unes par rapport aux autres.

Au moment du développement des plaques, une partie des gaz formés à l'intérieur de la planète fut évacuée (il y a un peu moins de 4.5 milliards d'années) pour ébaucher une atmosphère autour de la terre. Cette atmosphère primitive (voir Allègre et Schneider, 1994), constituée au début de méthane et d'ammoniaque, fut enrichie, quelques centaines de millions d'années après, par de l'eau et du CO_2 *. Nous verrons plus loin la composition de l'atmosphère actuelle et le rôle joué par les plantes pour lui assurer un important pourcentage d'oxygène.

Des matériaux moins denses et moins chauds que ceux qui s'étaient enfoncés à l'intérieur de la terre s'accumulèrent ensuite en différentes parties de la surface du globe pour former les masses continentales. Ces masses continentales, sans dépendance directe avec le manteau et le cœur de la planète, ne sont pas constamment recyclées et détruites lors des innombrables mouvements intérieurs de la Terre. Les continents peuvent donc, au fil du temps, conserver une certaine mémoire géologique et fossile des différents événements, notamment l'apparition de la vie et son évolution,

* C'est probablement à partir de ce moment que les formes les plus primitives de vie (un système composé de quelques nucléotides et acides aminés... mais nous en saurons davantage à ce sujet au prochain chapitre) sont apparues sur la terre.

auxquels ils ont assisté. Nous verrons plus loin qu'il existe des techniques de datation (souvent basées sur la détermination de la quantité relative, pour un élément donné, de certains atomes instables dont on sait qu'ils se transforment lentement en d'autres atomes instables ou stables) qui permettent, en fonction du rythme de leurs désintégrations, de calculer l'âge d'un tableau, d'un objet ancien, ou celui des débris d'être vivants conservés dans le sable, le roc ou la glace.

La présence d'eau à l'état liquide sur la planète (océans, mers, rivières et lacs) a joué un rôle essentiel pendant son évolution. Elle a réduit les températures, favorisé l'érosion des rochers, dissout certains minéraux et permis un grand nombre de réactions et interactions chimiques. Un peu plus de 70% de la surface de notre globe sont occupés par l'eau qui s'accumule dans les cuvettes océaniques, les rivières, les lacs et sous forme de glaciers ou de nappes souterraines (dont les points d'émergence constituent les sources). Continuellement en voie d'évaporation, cette eau participe à la formation des nuages, entraînés par le vent, qui se convertissent ensuite en pluies ou en neige. Tout ceci est très important car nous verrons ultérieurement combien le déficit en eau dans certaines parties de la planète, et sa pollution directe à tous les niveaux — air, mer, nappes phréatiques — par les industries et les moyens de transport, menacent l'avenir de l'humanité.

La formation des montagnes que nous connaissons est d'origine récente : 480-420 millions d'années en Grande Bretagne, Scandinavie ou Groenland, 320-260 millions pour les Ardennes, les Vosges, le Massif Armoricain et le Massif Central, et une centaines de millions pour les Alpes, les Pyrénées, l'Hymalaya ou les chaînes de l'Afrique du Nord (voir Lemarchand et Tapponier, 1997). Ces montagnes proviennent du raccourcissement et de l'épaississement de la croûte continentale tels qu'ils se produisent lors de la convergence d'une croûte océanique et d'une croûte continentale. La croûte continentale, plus légère, est comprimée et gonflée : des montagnes apparaissent.

L'atmosphère primitive, nous l'avons vu plus haut, s'est constituée, soudainement ou progressivement, il y 4.4 milliards d'années. Le CO_2, qu'elle contenait alors en grande quantité, joua un rôle important, sous l'action de la photosynthèse *, comme source de carbone (l'atome essentiel de la matière vivante) et comme source d'oxygène (en son absence, on étouffe) ou source d'ozone (qui forme écran pour notre corps contre les rayonnements ultra-violets du soleil). De nombreux micro-organismes, tels que le phytoplancton, augmentèrent sans doute considérablement leurs activités photosynthétiques * dans les milieux riches en CO_2. Il est établi que les 21% d'oxygène qui composent l'atmosphère que nous connaissons aujourd'hui sont le résultat de la photosynthèse. Le reste de l'atmosphère comprend 78% d'azote et 0.9% d'argon. L'analyse de bulles d'air capturées par les glaces, parfois vieilles de 200.000 ans dans le cas du Groenland, n'indique pas de différences majeures, les polluants modernes mis à part, avec l'air contemporain (voir Allègre et Schneider, 1994).

Quant à notre satellite, la lune, il provient probablement d'une collision entre la terre et un autre énorme corps céleste. Sans cette collision, il n'y aurait pas de marées à la presqu'île du Blair et aucun clair de lune à Maubeuge.

---

* Photosynthèse (revoir nos cours de chimie ou de sciences nat !) : c'est la production par les plantes de sucre (glucide) à partir du CO_2 de l'air qu'elles peuvent fixer, grâce à la chlorophylle, en employant comme source d'énergie la lumière solaire (soit $6\ CO_2 + 12\ H_2O$ + énergie >>> glucide $+ 6\ O_2 + 6\ H_2O$)

Pour en savoir plus :

C. J. Allègre, S. H Schneider (1994), *The evolution of the earth.* Scientific American 271 : 44-51

M. B. Bernstein, S. A. Sandford, J. L. Allamandola (1999), *Life far-flung raw materials.* Scientific American 281 : 26-33

B. Balick (1997), *Les vents sculpteurs de bulles cosmiques.* La Recherche 301 : 44-49

F. Lemarchand, P. Tapponier (1997), *La formation des chaînes de montagne.* La Recherche 297 : 90-93

R. Pappalardo, J. Head, R. Greely (2000), *L'océan caché d'Europe.* Pour la science 268 : 44-53

A. de Saint Exupery (1959), *Le petit prince.* Editions Gallimard, Paris pp 95

VIE SUR TERRE

Molécules et acides nucléiques

Dans ce chapitre, nous récapitulerons la série d'événements qui se succèdent pour aboutir à la manifestation de la vie. Un bon manuel de biologie fournira le détail des merveilleux mécanismes qui sont impliqués et les diagrammes nécessaires pour bien les comprendre.

Les molécules

Tout commence avec les atomes qui s'accrochent les uns aux autres, en fonction de leur nature, pour donner naissance aux molécules. Chaque molécule est *un ensemble, électriquement neutre, composé de deux ou plusieurs atomes unis l'un à l'autre ou les uns aux autres par liaison chimique.* Il existe un très grand nombre de molécules différentes. Les cellules qui constituent notre corps produisent ou absorbent toutes celles qui sont essentielles à notre développement. Il peut s'agir de molécules très simples, comme la molécule d'eau (H_2O : un atome d'hydrogène, deux atomes d'oxygène), ou de macromolécules complexes. Ces dernières, souvent synthétisées par des cellules spécialisées, peuvent être composées de milliers d'atomes. C'est le cas, par exemple, du glycogène (une substance emmagasinée dans le foie qui assure la formation du glucose, un sucre dont a besoin la cellule vivante), de certains lipides (matières grasses) et de très nombreuses protéines. Parmi ces dernières se trouvent les enzymes, des protéines spéciales qui catalysent (animent) toutes les réactions, dont la synthèse des protéines, des sucres, des graisses et des acides nucléiques (voir ci-dessous), qui sont nécessaires à la constitution ou à la transformation des molécules de notre corps. Sans les enzymes, probablement pas de vie sur la planète et, en tout cas, pas d'arbres, pas d'homme et plus d'écureuils à la Pointe du Blair.

Les acides nucléiques, des molécules de vie

Tout cela est extraordinaire si l'on songe à la coordination, au dosage et à la complexité des réactions chimiques que nécessite la bonne marche de la machine vivante. Et il y a encore beaucoup plus merveilleux et surprenant, la présence de substances (les acides nucléiques) qui portent et propagent la vie dans chacune des cellules (une cellule seulement chez la bactérie, des milliards chez l'homme, un baobab ou le mouton du Petit Prince) composant un être vivant.

Il y a deux sortes d'acides nucléiques. L'acide désoxyribonucléique, ou ADN, et l'acide ribonucléique, ou ARN.

L'ADN, gardien de notre hérédité

Les molécules d'ADN sont constituées de longues chaînes composées, à la manière d'un collier, d'un grand nombre de perles appelées nucléotides. Chaque nucléotide comprend trois éléments, un sucre (le désoxyribose), un phosphate et une base azotée qui peut être la cytosine (C), l'adénine (A), la guanine (G), ou la thymine (T). Les nucléotides sont liés les uns aux autres, comme le sont les perles que traverse le fil du collier, par une liaison de phosphates et de sucres.

Accordons une grande attention à ces quatre sortes de bases de la molécule d'ADN. Ce sont elles qui spécifient chaque perle, c'est-à-dire chaque nucléotide d'ADN, et feront porter à la molécule d'ADN une phrase composée des différents nucléotides (C, A, G, T) qui se succèdent tout au long de la molécule. Ces lettres, une par nucléotide, formeront un message rédigé en mots de trois lettres (chaque mot étant formé par trois nucléotides consécutifs) qui, nous le verrons plus loin, constitue un plan spécifique très précis pour la production des protéines de la cellule. Voici, pour nous aider à comprendre, un petit fragment de plan inscrit sur la longueur d'une molécule d'ADN par les nucléotides qui composent cette molécule : « … TGA CCT GAT CGT TTT GAC… ». Chaque chaîne d'ADN portera ainsi un message spécifique, toujours le même et distinct de celui qu'enverront les autres chaînes caractérisées par une autre séquence.

Ces messages d'ADN serviront de moule pour la réalisation des deux fonctions vitales des acides nucléiques : la propre réplication de l'ADN, c'est-à-dire du message héréditaire, lors de la division cellulaire, et la synthèse dans chaque cellule, via la formation de l'ARN par l'ADN, de très nombreuses protéines (dont les indispensables enzymes qui gouvernent les activités cellulaires et la synthèse des innombrables substances que fabrique un être vivant.)

Réplication de l'ADN

Les acides nucléiques sont probablement les seules biomolécules sur terre à avoir la capacité de se reproduire à partir d'elles mêmes. Ils utilisent comme modèle leur propre séquence de nucléotides et comme matériau les nucléotides libres que leur fournit leur environnement direct. Dans l'ADN, les affinités entre bases azotées et la longueur des liaisons susceptibles de les unir entre elles sont telles que les bases guanine et cytosine d'une part et adénine et thymine d'autre part, s'attirent et peuvent se joindre. Il en résultera la formation d'un brin fille d'ADN, dont les nucléotides, eux aussi rattachés les uns aux autres par des liaisons phosphates-sucres, formeront avec le brin mère d'ADN une double spirale de deux brins complémentaires. L'ADN se sera reproduit en fonction de sa propre image et ses deux brins, l'ancien et le nouveau, qui lui est complémentaire, vont se séparer pour un nouveau cycle de reproduction ou pour organiser la synthèse d'une protéine.

La synthèse des protéines

Les protéines sont composées d'acides aminés (il en existe 20 sortes différentes : valine, glycine, cystéine, lysine...) dont les séquences sont déterminées, lors de la synthèse de la protéine, par les acides nucléiques. Le mécanisme est sophistiqué. Il implique la présence de l'ADN correspondant spécifiquement à la protéine qui doit être formée et la fabrication, à partir de cet ADN *, de l'ARN dit « messager » qui ira enchaîner dans un ordre précis les acides aminés devant faire partie de la future protéine. L'ARN ressemble beaucoup à l'ADN qui lui a donné naissance. Les deux différences essentielles concernent la

* La production de l'ARN par l'ADN impliquera les appariements adenine-uracile et, comme dans le cas de la réplication ADN : ADN, guanine-cytosine. Certains virus sont dépourvus d'ADN et utilisent la réplication de l'ARN pour reproduire l'information génétique dont ils disposent.

nature du sucre présent dans les nucléotides (désoxyribose pour l'ADN, ribose chez l'ARN) et la substitution, parmi les bases azotées, de la thymine (T) par l'uracile (U). Comme dans le cas de l'ADN, les quatre nucléotides (C, A, G, U) de l'ARN messager constitueront à partir de la molécule d'ADN qui a servi de moule, un message composé de mots de trois lettres qui auront chacun la capacité de reconnaître un acide aminé bien précis. C'est ainsi que le mot ACA (adenine, cytosine, adenine) fixera l'acide aminé thréonine, AAG (adenine, adenine guanine) l'acide aminé lysine, GUC (guanine, uracile, cytosine) l'acide aminé valine et UUU (uracile, uracile, uracile) l'acide aminé phényalanine *. Il y aura autant d'acides aminés à introduire, dans un ordre précis, dans la future molécule qu'il y aura de mots de trois lettres dans le message d'ADN initial.

Pendant ce temps, deux autres ARN, l'ARN de transfert et l'ARN ribosomal, et une nouvelle structure, le ribosome (une espèce de double balle de protéines enveloppée d'ARN ribosomal), entrent en jeu pour veiller à ce que les acides aminés spécifiés par l'ARN messager soient bien accrochés aux mots de trois lettres qui leur correspondent et pour assurer, dans la future protéine, le bon attachement de chaque acide aminé avec ses deux acides aminés voisins.

Passons sur les différentes phases de la confection de la nouvelle protéine ; les livres de classe, illustrés de schémas très clairs, les décrivent avec précision. En revanche, retenons l'essentiel, c'est-à-dire la capacité des acides nucléiques de spécifier, grâce à un alphabet de 4 lettres et par des phrases composées de mots de 3 lettres, l'identité et la place de chacun des acides aminés devant faire partie d'une protéine. On appelle généralement gène, mais les définitions diffèrent, le message d'ADN qui spécifie la séquence

---

* En langage ARN, le message ADN « GCC ATC GCT TTA » sera traduit par « GCC AUC GCU UUA », tous les nucléotides « thymine » étant remplacés par des nucléotides « uracile. »

des acides aminés constituant une protéine. La totalité de l'information génétique inscrite dans une cellule peut varier de quelques millions (bactéries) à quelques milliards (animaux et plantes) de nucléotides.

Quelques caractéristiques du code génétique

Comme il y a plus de possibilités (64) de mots différents qu'il n'y a d'acides aminés (20), plusieurs mots codent pour un même acide aminé. Le code est dit « *dégénéré* ». C'est ainsi, par exemple, que l'acide aminé lysine peut être codé par quatre mots différents dans la molécule d'ARN : AAA, UUU, AAG et UUC (U étant la première lettre d'uracile, le nucléotide qui remplace la thymine dans la molécule d'ARN). Il semble (voir de Duve, 1995) que les 20 principaux acides aminés répertoriés aujourd'hui n'ont pas tous été disponibles à l'origine. Le code génétique a probablement commencé à fonctionner avec un petit nombre d'entre eux (de 4 à 8, selon les estimations).

Le code génétique est le même pour tous les organismes vivants, des microorganismes aux poissons, des baobabs à l'être humain. Bien évidemment, il ne faut pas pour autant en conclure que le code est « *universel* ». Qui sait, en effet, comment les choses se passent à quelques milliers d'années-lumière de la Pointe du Blair ?

Les ribozymes, peut-être des artisans de vie

Rien de ce que nous venons de décrire plus haut ne constitue vraiment une explication de l'origine de la vie. On sait en effet, nous l'avons évoqué en début de chapitre, que la synthèse des protéines et des acides nucléiques ne peut s'accomplir sans la participation d'un grand nombre d'enzymes qui catalysent les réactions nécessaires à ces deux opérations. Le problème est que ces enzymes, comme toutes les enzymes, sont des protéines et que ces protéines étaient forcément absentes lorsque que commencèrent les toutes premières synthèses d'acide nucléique et de protéines. L'alternative est la même que dans le cas de l'œuf et de la poule. Il fallait une première poule pour pondre le premier œuf et un premier œuf pour produire la première poule. Il faut au biologiste un premier acide nucléique pour produire la première protéine, et une première protéine pour expliquer le premier acide nucléique.

L'hypothèse du moment (Orgel, 1994), peut-être déjà dépassée, est que la chimie des océans et des gaz terrestres (ou la Compagnie de Transport Interstellaire par Météorites) a permis la présence sur notre planète d'une molécule spéciale d'ARN, un « ribozyme », dotée de pouvoirs suffisants pour activer, en l'absence d'enzymes, sa propre synthèse et celle d'une protéine. Des mutations du ribozyme (on pense aussi à la « transcription inversée » qui permet à un ARN de coder pour un ADN) se seraient produites ensuite pour faire évoluer ce premier vecteur de vie vers les mécanismes contemporains qui assurent la réplication des acides nucléiques et la synthèse des protéines. D'autres scientifiques ont évoqué la possibilité d'un déclenchement de l'activation des réactions prébiotiques, c'est-à-dire non enzymatiques, par des substances chimiques présentes sur terre il y a 3.5 milliards d'années. Ces réactions auraient rendu possible une première synthèse de protéines, probablement très approximative, à partir d'un ARN non-catalytique. Christian de Duve (1995) explique, à ce sujet, comment la formation spontanée de thioesters * a pu ouvrir la

* Thioester : association d'un thiol (un alcool dont l'atome d'oxygène aurait été remplacé par un atome de soufre) et du groupe carboxyle (COOH) d'un acide organique. Les thioesters sont de très importantes sources d'énergie. Plusieurs hypothèses ont été formulées pour expliquer leur assemblage dans les conditions prébiotiques (de Duve 1995, p. 91.)

route à un protométabolisme qui rendit possible la chimie pré-biotique et déboucha finalement sur le « monde de l'ARN ».

Dans tous les cas de figure, il semble acquis que la soupe terrestre contenait à l'état libre les matériaux nécessaires à la construction de chaînes d'acides nucléiques et de protéines. En effet, des chercheurs (voir Orgel, 1994) ont reconstitué en laboratoire les conditions (une atmosphère composée de méthane, d'eau, d'ammoniaque et d'hydrogène, un océan primitif et des décharges électriques continuelles) qui ont probablement prévalu sur notre planète il y a 3.5 milliards d'années. Ils observèrent la formation, en très faibles quantités, d'acides aminés et de nucléotides (dont notamment l'adénine).

Les premières vies

Bref, nous pourrions penser que la vie est partie de rien, ou presque, pour aller vers la complexité absolue. Après le ribozyme et l'ADN à quatre lettres, l'acide nucléique vital de demain (disons dans quelques milliards d'années) fonctionnera avec une centaine de bases azotées différentes pour un panier de quelque 100.000 variétés d'acides aminés et s'ouvrira sur une seule espèce, très complexe, à même de contrôler complètement son environnement, capable de franchir la barrière espace-temps, d'introduire dans son génome les éléments génétiques dont elle peut avoir besoin et de communiquer par ondes GSA (gravité spécifique accélérée) avec tous les terriens du système solaire et les plus gros ordinateurs de la voie lactée.

Je ne suis pas sûr qu'une telle vision soit réaliste… Au contraire, s'il est vrai que la vie a eu des débuts difficiles et qu'elle s'est développée chez les plus humbles de tous, les procaryotes unicellulaires (organismes qui n'ont même pas un petit sac-noyau pour y fourrer leur ADN et qui ne sont composés que d'une seule cellule), rien n'indique que la bactérie, présente depuis que la terre existe (ou presque…), a raté sa carrière. Avec sa petite molécule d'ADN, elle a survécu à tout, aux météorites, aux volcans, à la glaciation, à la sécheresse, aux dinosaures, au Fast Food et même aux antibiotiques, sans jamais se donner la peine de se modifier radicalement ou de mieux faire au cours du soir. Mais j'anticipe sur mon prochain chapitre, tout en exagérant quelque peu, car nous verrons que la complexité, aussi, peut brillamment affronter la sélection naturelle. Pensons, par exemple, au développement et au fonctionnement de l'œil ou du cerveau.

Pour en savoir plus :

C. de Duve (1995), *Poussière de vie (Une histoire du vivant)*. Editions Fayard, Paris, pp 588

L. Gonick, M. Wheelis (1983), *The cartoon guide to genetics*. Harper & Row publishers, pp 88

J. Maynard Smith (1997), *L'hérédité ne dépend pas forcément du code* (entretien). La Recherche 296 : 32-35

H. Reeves, J. Rosnay, Y. Coppens, D. Simonnet (1996), *La plus belle histoire du Monde (les secrets de nos origines)*. Édition du Seuil, Paris, pp 165

J. D. Watson (1968), *The double helix*. Penguin Books limited, Harmondsworth, UK, pp 175

ÉVOLUTION ET SÉLECTION NATURELLE

Charles Darwin ? Sans lui, nous n'aurions jamais eu le pré-Darwinisme, le Darwinisme, le post-Darwinisme, le néo-Darwinisme et le Darwinisme moléculaire. Qui d'autre peut en dire autant ? Mais commençons par le commencement, lorsque, dans la nuit des temps, en partie à cause des rayonnements ionisants envoyés par le soleil, les mutations apparurent sur terre dans l'ADN des premiers êtres vivants, probablement les ancêtres de la bactérie.

Les mutations, qu'est ce que c'est ?

On a vu plus haut que chaque organisme vivant portait en lui le message génétique indispensable à sa vie. Souvenons-nous : à partir des mots de 3 lettres formés par l'ADN, des phrases sont rédigées qui permettent à la cellule de fabriquer les protéines, et en particulier les enzymes, nécessaires à la production et/ou à l'utilisation d'autres protéines, de sucres et de graisses.

Bon… supposons maintenant qu'une erreur ait lieu au moment de la réplication de l'ADN. Un mot de trois lettres qui saute, provoquant ainsi la synthèse d'une protéine déficiente à laquelle il manque un acide aminé… Une lettre qui se substitue à une autre, de façon à remplacer un mot de trois lettres, codant pour un acide aminé donné, par un autre mot, codant pour un autre acide aminé... Beaucoup d'autres accidents de ce genre sont à même de se produire. Ils résulteront le plus souvent de l'addition ou de la répétition de lettres, de mots, ou de phrases sur le brin fille d'ADN, d'une inversion de phrase ou de fragments de phrases, d'un échange d'information entre deux ADN d'origines différentes, d'une transcription fautive de l'ARN ou d'une traduction non programmée de protéines qui ne devraient pas se trouver dans la cellule. Certaines mutations peuvent même correspondre au doublement complet de tout l'ADN contenu dans la cellule (c'est ce qui a donné naissance au tabac, par exemple, dont les cellules possèdent deux fois plus de chromosomes, et donc d'ADN, que les cellules des deux espèces qui lui ont servi de parents)... Des mutations et des variations de toutes sortes peuvent ainsi survenir et se reproduire lors de la réplication de l'ADN.

La fréquence des changements sera particulièrement élevée si les cellules sont exposées, comme cela fut le cas lorsque la Terre n'était pas protégée par une atmosphère relativement épaisse, à de très nombreux rayonnements mutagènes et délétères. Cependant, la transmission de ces changements aux générations suivantes dépendra essentiellement des effets qu'ils pourront avoir sur l'adaptation aux conditions du milieu et sur la fertilité. Seules les mutations intéressantes (dont aussi des pertes d'enzymes, voir de Duve, 1995, p. 487) seront conservées.

Il est également possible que les conditions ayant permis la vie se soient reproduites en plusieurs endroits de la Terre ou plusieurs fois en un même endroit. Là aussi, différentes formes de vie, presque identiques ou très éloignées les unes des autres, ont pu émerger et constituer, comme le font les individus porteurs de mutations, une première base de diversité biologique. Dans les deux cas, mutations ou multiplicité des origines de vie, la nature pourra, au fil des générations, entreprendre la sélection des individus les mieux adaptés à l'environnement du moment.

Théorie de l'évolution

Et voilà que nous arrivons à Darwin, ce grand savant qui fut tant combattu par les Eglises de son temps, et dont les théories sur l'évolution étaient, il y a quelques années encore, interdites d'enseignement dans certains états US comme le Tennessee. Un telle attitude est d'autant moins compréhensible que Saint Augustin, dès le IVe siècle, interprétait le 1er chapitre de la Genèse comme l'indication que la première créature vivante avait donné naissance à toutes les autres formes de vie et admettait implicitement le principe même de l'évolution (voir Cronquist, 1961).

La réflexion de Darwin sur la diversité biologique et sur l'évolution des espèces fut en partie aiguillonnée par les concepts transformistes de Lamarck, qu'il ne cessa jamais de combattre, et par les notions de Malthus sur la croissance des populations et le combat pour leur survie (*struggle for existence*). Darwin ne connaissait pas, évidemment, les bases du contrôle génétique des caractères qu'il avait si minutieusement observés. Sa théorie de l'évolution n'est donc pas fondée directement sur la sélection des gènes mais sur celle des individus qui les portent. Elle constitue l'aboutissement d'une étude systématique des plantes, des animaux et des hommes en Europe et dans le Pacifique (notamment aux Galapagos) et peut se résumer en cinq points :

- Les membres d'une même espèce * ne sont pas tous identiques.

* Espèce : groupe d'individus qui peuvent se reproduire entre eux et donner naissance à des individus féconds.

- À l'intérieur d'une espèce, le nombre d'individus engendrés est supérieur au nombre d'individus qui pourront finalement survivre et se reproduire.
- Afin de survivre, chaque individu doit engager un combat pour l'existence qui le met en compétition avec d'autres individus.
- Ce combat aboutit à la survie des individus les mieux adaptés à leur environnement.
- Une telle sélection naturelle conduit au fil des générations à la constitution de nouvelles espèces.

En mémoire de Darwin, on appelle *capacité Darwinienne* d'un être vivant *sa capacité à transmettre ses gènes à la génération suivante.* Elle dépend à la fois de son aptitude à la reproduction et à la survie. Bien évidemment, la disposition à la survie ne se limite pas à l'élimination directe du voisin par la force pure mais peut faire intervenir une gamme très vaste de nouveaux comportements héréditaires. C'est ainsi que l'apparition de la coopération entre différentes formes de vie dont nous traiterons plus bas semble avoir joué un rôle considérable dans la capacité des espèces à survivre et dans la structure des écosystèmes.

Les temps forts de l'évolution

Avant de conclure sur la Théorie de l'Évolution, faisons le bilan des progrès de la vie sur la planète et essayons de déterminer les raisons de ces progrès.

Une diversité biologique considérable

Donnons pour commencer quelques points de repère aux différentes étapes parcourues par la vie (définie, comme nous l'avons vu, par sa capacité à s'exprimer et à se transmettre) depuis son avènement, il y plus de 3.5 milliards d'années, jusqu'à la colonisation des océans, de la terre et des airs par toutes les espèces qui ont pu être dénombrées et étudiées à l'état fossile ou à l'état vivant.

Origine de la vie

De puissantes méthodes de datation ont été mises au point. Elles font souvent appel à l'analyse des particules de zircon qui se conservent, sans se dissoudre, dans des sédiments très anciens. Il a ainsi été possible d'estimer à 3.5 milliards d'années l'âge de fossiles d'algues bleu-vertes trouvés dans des sédiments Sud-africains et Australiens (Allègre et Schneider, 1994). Comme ces fossiles ne se conservent plus après un certain âge géologique, il est cependant impossible de dater exactement l'arrivée de la vie dans les sédiments les plus anciens. Allègre et Schneider avancent un âge de 4.2 milliards d'années. C'est le précambrien.

Organismes primitifs

Il s'agit là des descendants des premières bactéries. À même de supporter de fortes températures et une atmosphère sans oxygène ces organismes sont essentiellement hétérotrophes, c'est-à-dire incapables de faire eux-mêmes la synthèse des composés organiques dont ils ont besoin. Des organismes plus différenciés (algues, stromatolites, méduses…) vont les suivre et les interactions plantes-climat (qui conduiront notamment à l'élimination du CO_2 atmosphérique) s'intensifier avec la généralisation de la respiration et l'avènement, chez les plantes, de la photosynthèse. Ce qui est surprenant, c'est que cette prolifération de la vie ait commencé à une époque (il y a de 4 milliards à 2.5 milliards d'années de cela) où le soleil travaillait à 75 % de son activité actuelle. On a évoqué (voir Allègre et Schneider, 1994) la possibilité d'un effet de serre provoqué par le CO_2 ou le méthane de l'atmosphère.

Le carrousel des espèces

Il est rythmé par les importants changements qui surviennent sur terre. Il s'agit surtout de la modification de l'atmosphère, qui permet l'implantation de la vie aérobique (en présence d'oxygène), et de la succession des climats dont notamment les périodes de glaciation, de sécheresse, d'effets de serre et d'obscurité imposée par les cendres volcaniques ou les poussières soulevées par des chutes de météorites. Après la prolifération des premiers vertébrés (les poissons sans mâchoires et les vrais poissons) il y a 500 millions d'années, certaines formes de la vie primitive, et en tout premier lieu des bactéries et des plantes unicellaires, sortent des océans, peut-être suivies de petits invertébrés amphibiens du type « péripate », un prédateur nanti de crocs mandibulaires (voir Duquesne de la Vinelle, 1994). Les nouveaux terriens donneront successivement naissance aux plantes vasculaires, aux premiers invertébrés terrestres, aux reptiles pondeurs d'œufs, aux oiseaux, aux plantes à fleurs, à leurs associés les insectes butineurs, et aux mammifères. Toutes ces espèces émergent, se remplacent ou se côtoient sans que l'on puisse discerner une tendance ou un déterminisme quelconque, une logique autre que la réaction de la matière vivante au milieu et à ses modifications. Aucun moule commun ne façonne les transformations héréditaires, discrètes mais parfois immuables pour certaines, monumentales ou sans cesse changeantes pour d'autres. Quelques origines, comme celle de la baleine qui descend d'un groupe de mammifères terriens comprenant la girafe, le porc, la vache, le chameau et l'hippopotame (de Muizon, 2001), sont surprenantes.

La victoire des petits

Pendant que les dinosaures règnent en maîtres sur la terre ferme, les ichthyosaures, des reptiles aux allures de poisson, font la conquête des mers (plus de 80 espèces différentes ont été dénombrées, les plus petites mesurant moins d'un mètre et les plus grandes dépassant les 15 m.) Leur disparition, et celle de presque tous les grands animaux de la planète, de la moitié des vertébrés et de près des 2/3 des animaux marins, survenue après la chute d'une météorite géante, il y a 65 millions d'années au Sud-Est du Mexique (voir Smit, 1996 ; Buffetaut, 1996) n'en fut que plus brutale. De tels effets sont un peu inattendus car la modeste bactérie et le coelacanthe (un poisson très primitif que l'on retrouve encore dans l'Océan Indien) semblent avoir survécu sans trop de mal à cette catastrophe venue du ciel. Son ampleur résulta probablement des gigantesques incendies qui suivirent l'impact et de l'alternance de froids intenses et des effets de serre provoqués par la poussière et la fumée qui recouvrirent le globe. Quoi qu'il en soit, la bactérie, championne incontestée de la longévité et de la colonisation du globe (lire le chapitre « les bactéries conquièrent le monde » dans de Duve, 1995), et les millions d'espèces d'insectes qui règnent sur la planète, peuvent narguer les formes de vie à jamais disparues et se préparer, peut-être, à célébrer un jour le départ de l'homme.

Des tournants essentiels

La remarquable diversité des espèces et leur adaptation, par le jeu de la sélection naturelle, à de nouveaux environnements, résultent en particulier de la capacité de la matière vivante à entreprendre des transformations radicales (voir, pour exemples ou références, Whitehouse, 1950 ; Jacob, 1970 ; Duquesne de la Vinelle, 1994 ; de Duve, 1995) et l'encadré des pages 58-60. Ces transformations sont exceptionnelles, le doigt de Dieu diront les uns, un très rare concours de circonstances selon les autres. Où serions-nous sans elles ?

Que faut-il penser du Darwinisme ?

Le Darwinisme est aujourd'hui l'objet d'un large débat. Il ne s'agit pas de réfuter la réalité de la sélection naturelle mais d'apprécier à sa juste valeur son influence sur l'évolution.

L'utilité des mutations

La majorité des mutations provoquent la destruction des messages génétiques et, dans bien des cas, la disparition de la cellule mutée. Cependant, certains changements, par exemple ceux qui aboutissent à l'accroissement de l'efficacité d'une enzyme essentielle ou à la synthèse d'une nouvelle protéine, sont favorables à la survie de l'organisme qui les porte et, par conséquent, à la transmission de ces changements aux générations à venir. C'est ainsi que des mutations permettant à un être vivant de mieux résister à la sécheresse, au froid, à la salinité, aux toxines d'autres espèces ou à la détection par les prédateurs ont pu augmenter considérablement sa capacité de reproduction dans des environnements difficiles ou faciliter sa conquête de nouveaux territoires.

D'autres changements génétiques essentiels ont sans doute contribué à des transformations radicales de la vie cellulaire : organisation de la digestion, des transports et des échanges à l'intérieur de la cellule, mise en place de nouveaux mécanismes de division cellulaires (méiose et mitose). Enfin, les mutations peuvent instaurer des comportements facilitant progressivement la vie en société (c'est peut-être ce qui s'est passé chez les fourmis, les termites et les abeilles) ou renforçant les échanges de services entre espèces différentes. Qu'il s'agisse de la symbiose entre légumineuses et bactéries pour la fixation de l'azote atmosphérique ou de l'entraide algues-champignons (voir à *lichens* dans un dictionnaire), la nature est à même de pro-

Darwin… le mal aimé.

In extremis.

QUELQUES GRANDS MOMENTS DE L'ÉVOLUTION

Constitution des acides nucléiques et d'un code génétique

Nous avons vu dans le dernier chapitre que les acides nucléiques ont la capacité de s'auto-répliquer et qu'ils peuvent aussi procéder, avec l'aide d'autres molécules, à la formation des protéines. Évidemment, nous avons rudement besoin d'eux. Il n'existe qu'un seul code génétique sur terre qui est commun à tous les êtres vivants. Son origine est peut-être due à des événements uniques ou à des circonstances qui ne se sont réunies qu'une seule fois sur la terre.

Autotrophie

Ç'est la capacité d'un organisme vivant de fabriquer les composés organiques dont il a besoin. L'autotrophie est impossible sans la faculté de capter l'énergie solaire. Elle ne se manifeste donc que chez les végétaux capables d'assurer la photosynthèse (voir plus loin).

Respiration aérobie des bactéries

Il s'agit là d'une transformation, vieille de plus de 2 milliards d'années, qui a permis à certaines bactéries d'entreprendre ce que l'on appelle une respiration cellulaire, c'est-à-dire la décomposition complète d'une molécule de glucose en eau et en CO_2. La bactérie dispose ainsi de toute l'énergie emmagasinée par la molécule. C'est probablement l'acquisition de ce caractère qui lui a permis de traverser les millénaires et de parvenir jusqu'à nous. La respiration aérobie caractérise, sous des formes diverses, la très grande majorité des espèces vivantes.

Aménagement de la cellule d'origine

Typique de certaines formes unicellulaires comme la levure et des espèces pluricellulaires, il correspond à d'importantes modifications de taille, de structure et de fonctions. Les précieuses molécules d'ADN sont enrobées de protéines, pour donner naissance aux chromosomes (23 paires de chromosomes chez l'homme) ; elles sont intégrées dans une structure centrale, le noyau, qui contient ainsi une partie très importante de l'ADN de la cellule. Par ailleurs, des organites spéciaux, les mitochondries (et aussi les chloroplastes, dans le cas des plantes), qui possèdent leur propre ADN et en assurent sa réplication, ont été « dérobées » aux bactéries (et aux algues) et mises en esclavage en dehors du noyau, dans le cytoplasme de la cellule.

Ces organites assurent la production de l'énergie dont la cellule a besoin et deviennent partie intégrante de la cellule.

Passage à l'état multicellulaire

Il y a beaucoup à dire sur ce sujet car le remplacement de l'unique cellule des protozoaires par des tissus multicellulaires qui se sont progressivement transformés en organes ou en membres spécialisés (notre nez, nos yeux, notre foie, nos mains...) a bien évidemment modifié considérablement la nature de la vie sur terre. Les bactéries, les levures, certaines algues et certains champignons sont demeurés unicellulaires pendant toute la durée de l'évolution alors que le corps de l'homme est composé d'un million de milliards de cellules. Retenons aussi que ce passage extraordinaire à l'état multicellulaire a été accompagné par le phénomène de la différentiation, c'est-à-dire la capacité de deux ou plusieurs cellules génétiquement identiques de faire fonctionner des parties différentes de leur ADN et de produire par conséquent des protéines différentes.

Arrivée de la sexualité

Deux types de division cellulaire assurent séparément chez l'organisme multicellulaire doté d'une sexualité la faculté de croître et de se reproduire.

Le premier type de division, appelé mitose, permet à chaque cellule qui se divise en deux pour constituer un tissu, de transmettre à ses deux cellules filles le nombre de chromosomes présents dans la cellule mère. Dans le cas de l'espèce humaine, chaque cellule contient 23 paires de chromosomes, soit 22 paires de chromosomes appelés autosomes et une paire de chromosomes sexuels (la paire XY chez l'homme et la paire XX chez la femme). Lors de la mitose, chacun de ces 46 chromosomes se dupliquera afin que puisse s'effectuer la migration d'un jeu complet des 46 chromosomes vers chacune des deux cellules filles.

Il en va tout autrement lors de la division cellulaire par méiose, c'est-à-dire lors de la division de la cellule qui va donner naissance aux cellules sexuelles. Les 46 chromosomes ne se dupliquent pas mais, au contraire, s'accouplent afin que chaque chromosome puisse retrouver son homologue. Les éléments de chaque paire se séparent ensuite lors de la division cellulaire, de façon à ce que chaque cellule fille reçoive un jeu de chromosomes tous différents les uns des autres. La méiose est une opération réductrice qui aboutit à la formation de gamètes contenant 23 chromosomes. En ce qui concerne les chromosomes sexuels, l'homme (XY) produira deux types de gamètes, ceux qui recevront le chromosome X et ceux qui recevront le chromosome Y. La femme (XX) ne produira que des gamètes contenant le chromosome X. L'enfant de cet homme et de cette femme sera un homme (XY) si son père lui a transmis le chromosome Y et une femme (XX) si son père lui a apporté un chromosome X.

Photosynthèse

Nous avons déjà évoqué cette réaction très importante qui permet aux végétaux de fabriquer, grâce à la lumière que captent leurs chloroplastes, l'énergie nécessaire à la fabrication des composés organiques dont elles ont besoin. On peut penser que l'absence de chloroplastes chez les animaux est à la base de la divergence plantes / animaux.

L'auto-incompatibilité sexuelle des plantes à fleurs

Il s'agit du rejet du soi et de la recherche des autres ! L'établissement de ce caractère plutôt sympathique rend obligatoire la pollinisation croisée, empêche la consanguinité et instaure la vigueur hybride chez de nombreuses végétaux. Provoqué par de rares concours de mutations différentes, il a permis la colonisation de la planète par les angiospermes (plantes à fleurs). Je mentionne le phénomène, observable de nos jours chez environ la moitié des espèces de plantes à fleurs, avec d'autant plus de conviction que j'ai passé une partie de ma vie à l'étudier (voir D. de Nettancourt, 1977, 2001).

Symbiose et coopération

Comportements très fréquents dans la nature (exemples à la fin de ce chapitre, aux paragraphes « *utilité des mutations* ») ; d'aucuns y verront, comme dans le cas de l'auto-incompatibilité, la manifestation d'une certaine morale naturelle.

Acquisition du langage et mutation conscience-réflexion

Nous avons affaire, ici aussi, à des modifications, peut-être très rares, qui ont permis à ceux qui en bénéficiaient de modifier radicalement leur comportement. Comme il s'agit de transformations qui affectent essentiellement ou seulement l'homme, nous en parlerons dans un prochain chapitre.

mouvoir la coopération si des mécanismes génétiques peuvent la reconstituer à chaque génération.

Bien évidemment, comme le remarque de Duve (1995), tous les gènes, et par conséquent toutes les mutations, ne sont pas d'égale importance dans les étapes de l'évolution. Par ailleurs, c'est l'opinion de de Duve que les mutations vraiment créatrices impliquent surtout de « *gros morceaux d'ADN qui sont dupliqués, inversés, transposés ou autrement arrangés* ». Il rejoint en cela les doutes de Jacob (voir plus loin) sur l'utilité des micro-mutations et sur l'évolution par petites étapes indépendantes.

Une sélection naturelle par paliers successifs ?

Certains changements évolutifs (voir par exemple le développement du cerveau chez les primates) sont parfois si sophistiqués qu'il est difficile d'attribuer leur origine à la seule sélection naturelle de tous les éléments qui sont nécessaires à ces changements. Pour François Jacob (1970) l'évolution ne peut être « *dûe exclusivement à une succession de micro-événements, à des mutations survenant chacune au hasard et qui font défi au temps et à l'arithmétique* ». Bien au contraire, selon Jacob, c'est seulement chez les organismes très simples que la variation peut s'exprimer par petites étapes indépendantes. Partout ailleurs, remarque le Prix Nobel français, c'est à un autre niveau, celui du programme génétique de la population, à la collectivité toute entière, que s'établissent la contrainte au changement et l'essentiel de la sélection *. Un avis différent s'est dégagé des recherches portant sur les origines de l'œil. La sélection naturelle semble avoir agi, dans ce cas (et dans d'autres), à

* Qui plus est, chez l'homme moderne la paire de lunettes, l'insuline, le pistolet mitrailleur ou le stimulateur cardiaque réduisent considérablement l'élimination par la sélection naturelle des incapacités innées ou acquises. C'est le prix que le Darwinisme doit payer aux civilisations avancées qu'il a contribué à mettre sur pied.

de nombreux stades intermédiaires de l'évolution d'un organe complexe, dont le développement constitue un bel exemple de « bricolages successifs » (Bauchau et Lessells, 1997). Le débat n'est pas clos !

Pour en savoir plus :

C. J. Allègre, S. H. Schneider (1994), *The evolution of the earth.* Scientific American 271 : 44-51

V. Bauchau, K. Lessells (1997), *La sélection naturelle, principe nécessaire et suffisant.* La Recherche 296 : 112-117

E. Buffetaut (1996), *Tous les gros animaux disparaissent.* La Recherche 293 : 65-66.

A. Cronquist (1961), *Introductory botany.* Editions Harper & Row. New York, pp 902

C. de Duve (1995), *Poussière de vie (Une histoire du vivant).* Editions Fayard, Paris, pp 588

B. de Muizon (2001), *Walking with whales.* Nature 413 : 259-260

D. de Nettancourt (1977), *Incompatibility in angiosperms.* Springer Verlag, Heidelberg, pp 230

D. de Nettancourt (2001), *Self-incompatibility and incongruity in wild and cultivated plants.* 2nd edition, Springer Verlag, Heidelberg, pp 322

L. Duquesne de la Vinelle (1994), *Du Big Bang à l'homme.* Editions Racine, Bruxelles, pp 168

F. Jacob (1970), *La logique du vivant.* Editions Gallimard, Paris, pp 354

R. Motani (2001), *Les maitres des océans jurassiques.* Pour la Science 280 : 26-33

J. Smit (1996), *Un épisode tragique : « l'océan folamour ».* La Recherche 293 : 62-64

H. L. K. Whitehouse (1950), *Multiple allelomorph incompatibility of pollen and style.* Ann. Bot. 14 : 198-216

UN HOMME À LA TERRE

« ... personne ne doute plus, parmi les gens compétents, que l'Homme soit apparu sur notre planète, à la fin du tertiaire, en conformité avec les lois générales de la spéciation.

Pierre Teilhard de Chardin
(*Comment je crois,* réédition 1969)

Il ne faut surtout pas croire que l'apparition de l'homme sur notre planète constitue le point d'orgue de tous les efforts de la nature, le « grand final » d'une évolution programmée, entièrement dirigée vers le développement de l'espèce humaine. Bien au contraire, destinés à disparaître ou à évoluer encore, au gré des caprices de la sélection naturelle et des grandes catastrophes, nous ne sommes qu'une manifestation, parmi beaucoup d'autres, de la vie sur terre.

Il semble d'ailleurs que notre venue sur terre ait été indirectement provoquée, ou à tout le moins facilitée, par la chute dans le golfe du Mexique du gigantesque météorite évoqué plus haut. C'est en effet après ce désastre, et dans le vide laissé par la destruction de presque tous les grands animaux, que les petits mammifères, qui avaient jusque là péniblement réussi à co-exister avec les dinosaures, commencèrent à se développer et à se diversifier.

L'arrivée des primates

De nombreuses espèces de mammifères s'épanouirent et se succédèrent pendant cette période de renouveau. Certaines donnèrent naissance aux primates, un ordre qui regroupe maintenant environ 200 espèces de mammifères à encéphale complexe, vie sociale importante et doigts terminés par des griffes ou des ongles. L'ordre des primates abrite les lémuriens, les singes et... l'homme.

Les différentes phases de l'évolution des primates commencent à être connues *. Elles firent intervenir la transformation du cerveau primitif, limité, chez les poissons, à la coordination des instincts élémentaires ou enrichi, chez les oiseaux, d'un mésencéphale. Le mésencéphale permet notamment le contrôle des mécanismes plus complexes qui sont nécessaires à l'accouplement, la nidation, la sauvegarde des couvées ou la surveillance des territoires. Dotés d'un cortex cérébral, les primates bénéficient, à des degrés variables d'une espèce à l'autre, de la conscience, de l'intelligence et de la capacité d'abstraction. D'autres caractères s'associent à leur développement. Il s'agit notamment, au gré de la sélection naturelle, des modifications du crâne, de la mâchoire, du bassin, de la colonne vertébrale et des membres, du passage progressif à la station debout et de l'habituation aux nouveaux régimes alimentaires qui résultèrent de l'expansion des plantes à fleurs et de l'abondance de leurs fruits.

---

* Voir en particulier l'arbre généalogique des primates que Dutrillaux et Richard (1997) ont construit à partir de l'analyse de remaniements chromosomiques observables dans les différentes espèces.

Homo sapiens l'africain

C'est un primate dont l'ancêtre immédiat est un singe africain non identifié (appelons le SANI mais il s'agit peut-être du Kenyapithèque, un « vieux » de quinze millions d'années) qui est aussi l'aïeul direct du chimpanzé commun. Les chimpanzés sont membres, avec les bonobos (chimpanzés nains), les gorilles et les orang-outans du groupe des *Pongidae.*

L'origine africaine de l'homme et son étroite parenté avec les *Pongidae* en général et les chimpanzés en particulier ne font aucun doute *. Le caryotype (ensemble des chromosomes qui, comme nous le savons maintenant, portent l'essentiel de l'information génétique) de l'homme est en effet très proche de celui des *Pongidae.* De plus, les travaux de séquençage de l'ADN chromosomique de l'homme et du chimpanzé montrent que les deux espèces se partagent près de 99% de leurs gènes. Cette absence de variations entre les séquences d'ADN qui spécifient les protéines indispensables à la cellule est peut-être compensée par d'importantes différences au niveau du travail des gènes. Un rapport récent (Svante Pääbo, 2002) fait état, pour certains gènes du cerveau, d'une durée et d'une intensité d'expression plus fortes chez l'homme que chez le chimpanzé.

Il est indéniable, en tout cas, que d'importantes différences existent, notamment au niveau de l'abstraction, de l'intelligence et du langage, entre les hommes et les singes que ne confirme pas l'analyse génétique. Ces différences s'expriment notamment au niveau du cortex cérébral, cette partie de notre cerveau, épaisse de 2mm et extrêmement plissée, qui pourrait jouer un rôle essentiel dans la manifestation de l'intelligence. Le cortex cérébral de l'homme, quand il est entièrement déplié, occupe la surface de 4 feuilles

---

* Voir « Aux connaissances de l'humanité », l'impressionnante synthèse de données réunies sur le sujet par Coppens et Picqc (2001).

de papier à dactylographier. Le cortex du chimpanzé ne recouvre qu'une seule page, celui du macaque une carte postale et du rat un timbre poste (Calvin, 1994). Des tests impliquant l'utilisation de symboles à la place de mots indiquent chez le chimpanzé nain la capacité de réflexion qui correspond à celle d'un enfant de 30 mois. Une autre grande différence entre l'homme et le chimpanzé résulte de la position du larynx qui ne permet pas, chez les singes, l'articulation des sons et l'utilisation d'un langage développé. Aucune claire hypothèse n'a été présentée pour expliquer l'apparition chez l'homme du caractère conscience-réflexion. L'émergence ou la manifestation de ce caractère dépendent peut-être d'une bonne capacité à la communication et à l'expression symbolique.

La divergence (c'est-à-dire l'isolement génétique) entre les chimpanzés et les pré-humains a pu intervenir il y a 6 ou 7 millions d'années sous le soleil du Kenya, de l'Éthiopie (Haile-Selassie, 2001) ou du Tchad (Coppens et Pick, 2001). Cette rupture s'est soldée par l'apparition, du côté des pré-humains, de nouvelles espèces véritablement bipèdes mais grimpant encore aux arbres. De petite taille et végétariennes, elles produiront plusieurs vedettes prestigieuses, *Sahelanthropus tchadensis* (mieu connu sour le nom de Toumaï, voir encadré page 75), *Orrorin tugenensis*, (ca 6.000.000 d'années), *Australopithecus ramidus* (ca 4.500.000), *Australopithecus anamensis* (ca 4.000.000*),* dont nous descendons probablement, et la fameuse Lucie (ca 3.500.000 ans) qui n'a probablement en rien contribué sur le plan génétique au futur genre *Homo*. *A. anamensis* était un bon marcheur de savane, doté d'un cerveau relativement modeste de 500 cm^2, et capable de confectionner des outils rudimentaires.

Deux millions d'années s'écoulèrent avant que le genre *Homo* ne se dégage des nombreuses descendances *d'A. anamensis.* Plusieurs espèces différentes se succéderont alors pendant les 2,5 millions d'années qui suivirent (par exemple *Homo rudolfensis* en Afrique de l'Est, *H. erectus* en Afrique, puis en Asie et en Europe, *H. neanderthalis* en Europe) et disparaîtront, avec leurs gènes, dans la nuit des temps*. Ces départs sont navrants. *H. erectus*, le grand voyageur, possédait une boite crânienne de 1.100 cc et perfectionnait régulièrement ses outils de culture ; on lui attribue la capture et la domestication du feu. L'homme de Néanderthal, quant à lui, chassait le gros gibier, enterrait ses morts selon des rites funéraires et son cerveau (1.600 cc) était plus gros que le nôtre (1.400 cc) ; il semble, avant de disparaître, avoir cohabité avec certaines formes de *H. sapiens*.

Heureusement pour nous, d'autres espèces* pendant ce temps se passèrent le témoin, plus exactement leurs chromosomes, pour finalement donner le jour à *Homo sapiens*. Ce fut notamment le cas de *H. abilis* avec sa denture omnivore, ses outils de pierre, une stricte bipédie, ses orteils parallèles, son encéphale de 900cc et sa résidence saharienne. *H. ergaster** en Afrique de l'Est et *H. antecessor* en Espagne ont sans doute aussi participé aux opérations de transmission (voir le tableau 2). *H. antecessor*, tout comme son cousin *H. neanderthalis*, a récemment été convaincu de cannibalisme (White, 2001).

---

* Voir Duquesne de la Vinelle (1994), Reeves *et al.* (1996), Coppens et Picq (2001). Se reporter aussi aux travaux de Asfaw *et al.* (2002) pour qui la découverte en Éthiopie de fossiles de *Homo erectus* vieux de plus d'un million d'années donne à penser que *H. erectus* et *H. ergaster*, un ancêtre probable de *H. sapiens*, ne formaient qu'une seule et même espèce.

Tableau 2.

Points de repère dans l'évolution de la vie

De l'oeuf cosmique à la première vie sur terre
(milliards d'années)

Big Bang	Premières protogalaxies	Formation voie lactée	Formation soleil	Terre avec atmosphère	Première vie sur terre
-12,5	-11,5	-8,0	-4,6	-4,5	-4,2 à -3,5

Origine des principales espèces multicellulaires
(millions d'années)

-550 : poissons
-400 : arbres et arbustes à ovules nus (gymnospermes) ; insectes
-300 : reptiles
-225 : dinosaures
-150 : oiseaux, mammifères, plantes à fleurs (angiospermes)
(-65 : extinction des dinosaures)
-35 : primates supérieurs
-15 : Kenyapithèque
-6 : divergence singe-australopithèque (pré-humains)
-4 : *Australopithecus anamensis*
-2 : apparition genre *Homo* (*H. abilis, H. erectus, H. antecessor, H. neanderthalis, H. heidelbergensis…)*
(-0.5 : *H. erectus* découvre le feu)

Arrivée de *Homo sapiens*
(estimations en milliers d'années par Cavalli-Sforza, 2001)

-200 : Afrique (terre d'origine)
-100 : Asie (Chine –67)
-55 : Australie (via l'Asie)
-43 : Europe (via l'Asie)
-32 : Amérique (via l'Est de l'Asie)

Homo sapiens, un voyageur infatigable

Il est inutile de préciser que l'espèce *Homo sapiens* est aujourd'hui présente sur l'ensemble du globe, qu'elle a séjourné sur la lune, construit des téléscopes dans l'espace, envoyé des sondes d' observation vers les autres planètes du système solaire et expédié des messages dans la voie lactée. L'espèce humaine est également en train d'exterminer tous les grands singes, ses frères chromosomiques, de s'empoisonner par le tabac, l'alcool et la drogue, de polluer la planète et, à long terme, peut-être de la mettre à feu et à sang… mais il s'agit là d'histoires dont nous reparlerons plus tard.

Tout cela a commencé par des petites migrations de quelques 20 ou 30 kms, entreprises au niveau de l'individu ou de la famille, qui aboutirent progressivement à une expansion de l'espèce dans les zones de savane. D'autres déplacements (tableau 2) eurent alors lieu vers l'Europe et l'Asie qui furent parfois suivis, il y a quelques 100.000 ans, par de très grandes migrations vers l'Asie. Elles commencèrent en direction du Moyen Orient ou de l'Afrique de l'Est et se poursuivirent, vers le Sud jusqu'à la Guinée et l'Australie (il y a environ 55.000 ans), et vers le Nord jusqu'à la Chine (67.000 ans). L'entrée en Europe se fit probablement par l'ouest de l'Asie ou par l'Afrique du Nord à peu près 40.000 ans avant le début de l'ère chrétienne. La migration la plus difficile, celle qui s'accomplit il y a de 15.000 à 50.000 ans vers les 2 Amériques, passa par l' Est de l'Asie et l'Alaska.

Pourquoi toutes ces migrations dangereuses et incertaines ?

De nombreux chercheurs, et notamment Cavalli Sforza (lire son dernier livre *Genes, peoples, and languages* dans son édition de 2001), se sont posé la question. Pourquoi quitte-t-on son territoire, sa région et les siens pour une destination totalement inconnue et sans doute dangereuse ? En tout premier lieu, il y a évidemment la nécessité, telle qu'elle peut résulter de catastrophes naturelles, de variations climatiques, d'épidémies, d'invasions, de saturations démographiques…

Les migrations, nous dit Cavalli-Sforza, peuvent aussi être stimulées ou provoquées par le développement culturel, qu'il s'agisse des progrès de l'homme à s'orienter, à construire des bateaux ou à communiquer au moyen d'un langage performant, indispensable à la bonne réalisation de toute grande entreprise collective. L'intelligence, la curiosité et l'ambition sont également des facteurs importants. C'est en partie à eux que nous devons les premières grandes marches dans la savane, la traversée du détroit de Behring et le voyage Apollo.

Comment sait-on tant de choses sur l'évolution des primates et de l'homme ?

Les méthode d'étude, beaucoup plus nombreuses qu'on ne pourrait le penser, se rangent en deux catégories. D'abord celles qui se limitent à l'analyse d'individus vivants. Elles permettent de comparer la fréquence de certains gènes, les chromosomes ou l'ADN dans différentes populations humaines ou entre primates (par exemple homme et chimpanzé ou orang-outan et gorille). Ensuite les méthodes consacrées à l'étude du passé, c'est-à-dire des ossements et des outils de l'homme primitif et, parfois, de son ADN.

Les recherches que ces techniques permettent sont passionnantes, en voici des exemples.

Les gènes à allèles multiples

En général, un gène n'existe dans la nature que sous une seule forme fonctionnelle, le type dit sauvage. Le séquençage de l'ADN nous apprend cependant que de très nombreuses variations peuvent exister à l'intérieur de ce type sauvage qui, le plus souvent, ne modifient pas de façon significative la composition de la protéine codée par le gène. D'autres changements, moins discrets, peuvent aussi intervenir qui aboutissent à l'inactivation du gène ou à une modification substantielle de la protéine. De telles mutations sont souvent homozygotes récessives (c'est-à-dire que leurs effets sur le métabolisme ou la morphologie n'apparaîtront que chez les individus qui ont reçu de chacun de leurs parents une copie de l'allèle muté).

La présence de ces différents types d'allèles est généralement à la base du polymorphisme que l'on observe à l'intérieur des populations. C'est ainsi que deux allèles actifs (IA, IB) et un allèle récessif (io) déterminent les groupes sanguins de l'homme. Les allèles IA et IB assurent chacun la synthèse d'une forme unique de protéines (A ou B) ; l'allèle io est incapable d'entreprendre une telle synthèse. Un individu portant les allèles IA et IB appartiendra au groupe sanguin AB. Les porteurs (io-io) de deux allèles io seront du groupe O. Les combinaisons IA-IA et IA-io correspondront au groupe A alors que les porteurs IB-IB ou IB-io formeront le groupe B. L'analyse des fréquences ABO dans le monde entier permet de différencier les unes des autres un grand nombre de populations sur la seule base de la fréquence relative de chacun des trois allèles (voir Cavalli-Sforza, 2001). Des différences significatives ont été établies en Europe entre basques, anglais et italiens et, au niveau du monde entier, entre différents peuplements (européens, asiatiques, africains, amérindiens, aborigènes australiens) *.

---

* On ne sait pas exactement pourquoi ces fluctuations se manifestent. Elles pourraient résulter de l'influence spécifique de chacun des différents allèles A, B ou O sur la sensibilité de l'homme à certaines maladies. Les individus ioio expriment, en particulier, une résistance à la syphilis.

D'autres allèles multiples existent dans la nature, particulièrement dans les systèmes d'incompatibilité des mammifères et des plantes, qui permettent de caractériser les populations et de retracer leurs mouvements. Chez l'homme, le système d'histoncompatibilité tissulaire HLA, découvert par Jean Dausset *, Prix Nobel de médecine 1980, nous permet de lutter contre les molécules étrangères. Il fait intervenir, sur un seul chromosome, le chromosome 6, tellement de gènes et d'allèles différents que chaque individu exprime une spécificité qui lui est propre. Seuls les vrais jumeaux produisent des molécules HLA identiques et peuvent se transmettre leurs organes par transplantation. Des mécanismes particuliers (Carosella *et al.*, 1998), protègent le fœtus contre le système de défense HLA de la mère.

Le temps est maintenant venu d'analyser les variations génétiques entre individus et entre populations par la comparaison directe des séquences d'ADN ou d'acides aminés qui permettent d'établir avec exactitude, pour partie ou totalité du génome, le degré de parenté ou d'éloignement génétique. Un effort décisif a été entrepris dans cette direction par la Fondation Jean Dausset et le CEPH (Centre pour l'Étude du Polymorphisme Humain), créés par Jean Dausset, qui animent de nombreux projets de recherche français, communautaires et internationaux dans le domaine de la génétique humaine et de la médecine (voir réf. à Fond. J. Dausset-CEPH, 1999, en fin de chapitre).

L'analyse des bandes chromosomiques

Elle a été rendu possible, en ce qui concerne les primates, à partir des années 1970, par la mise au point de techniques permettant le marquage des différentes régions (bandes) qui caractérisent chacune des paires de chromosomes présents

* À lire : *Le système HLA et les maladies* (Dausset, 1977), rééd. par la Recherche en Mai 2000, et *Clin d'œil à la vie. La grande aventure HLA* (Dausset, 1998).

dans les cellules analysées (voir Bernard Dutrillaux, 1997). Il s'agit, en comparant un même chromosome de deux espèces voisines ou de deux populations différentes, de détecter d'éventuelles différences dans l'organisation ou l'ordre des bandes qui pourraient résulter de remaniements chromosomiques survenus après l'isolement des populations observées.

L'analyse peut être étendue à chacune des paires de chromosomes présentes dans les populations étudiées (c'est-à-dire 23 paires chez les *Pongidae*, les Hominidés, *Homo sapiens*). Les remaniements chromosomique qui se produisent au cours de l'évolution des populations ou des espèces résultent généralement de la duplication ou de la disparition de bandes, de leur inversion ou d'un échange de bandes (translocations) entre chromosomes non homologues. Ces perturbations n'apparaissent pas chez toutes les espèces ; elles ne modifient pas, le plus souvent, le message que peuvent porter les gènes situés dans la portion de chromosome impliquée par les remaniements.

L'intérêt scientifique des remaniements chromosomiques est cependant considérable car ils permettent, par l'analyse systématique de leur distribution dans un groupe d'espèces d'une même famille, de reconstituer l'arbre généalogique de cette famille. C'est par la comparaison des variations chromosomiques entre 120 espèces de primates que Dutrillaux et Richard (1997) ont pu identifier les différentes étapes de notre évolution.

Le génie génétique

Il permet de véritables miracles. Grâce au séquençage de l'ADN, des analyses très fines peuvent être faites qui complètent et dépassent les comparaisons entre espèces de bandes chromosomiques ou de fréquence de gènes marqueurs. Toute l'information génétique portée par un être vivant, qu'il s'agisse de primates, de plantes, d'insectes, de levures, de bactéries, peut désormais être déchiffrée.

Faire parler le passé

Il y a tout d'abord l'analyse des fossiles africains (et, à un degré moindre, asiatiques et européens) au moyen de techniques de datation de plus en plus précises qui ont beaucoup contribué à notre connaissance de la période d'émergence du genre *Homo*. Parmi les paléontologues (paléontologie : étude des êtres vivants préhistoriques à partir de fossiles) français les plus connus il faut retenir le nom du Père Teilhard de Chardin, dont nous reparlerons dans un prochain chapitre, qui a découvert en Chine le crâne du Sinanthrope, un Hominidé proche de *H. erectus*.

Certaines phases de l'évolution des Hominidés ont pu être établies en fonction de leurs transformations anatomiques, de leurs outils et des connaissances que nous avons des modifications climatiques de l'époque. Des nouvelles méthodes de morphométrie géométrique (David et Laurin, 1997) furent développées qui permettent de mieux isoler, lors de la comparaison de deux espèces, les différences de morphologie pure. Il est également possible, par la connaissance des corrélations anatomiques, d'exploiter au maximum les renseignements qui peuvent être obtenus à partir de fossiles isolés ou incomplets.

L'ADN de *Homo neanderthalis*

Il est également possible, mais le savoir-faire doit être amélioré, d'amplifier l'ADN récupérable de certains fossiles, de le séquencer et de le comparer à l'ADN des espèces contemporaines. La difficulté majeure provient de la fragmentation et des altérations qui caractérisent l' ADN fossile, c'est-à-dire l' ADN très ancien. Un travail considérable de comparaison de nombreux petits morceaux d'ADN provenant d'un même segment s'impose avant que la séquence de ce segment ne puisse être établie avec précision. C'est par l'analyse de l'ADN fossile d'un humérus de l'homme de Néanderthal que Svante Pääbo démontra très clairement l'absence de parenté entre Néanderthal et *Homo sapiens* (voir Cavalli Sforza, 2001).

UN PRÉHUMAIN NOMMÉ TOUMAÏ

Son crâne a été découvert le 19 janvier 2001 par une équipe de cinq hommes, 3 Tchadiens (Ahounta Djimdoumalbaye, Fanone Gongdibe et Mahamat Adoum) et 2 Français (Alain Beauvilain et Michel Brunet) dans le désert de Djourab, au Tchad.

Âgé de 6 à 7 millions d'années, Toumaï (un nom qui signifie « espoir de vie » en langage Goran) ne bénéficie pas encore d'un statut définitif. Beaucoup considèrent qu'il s'agit d'un préhumain, le plus vieux de tous ceux que nous connaissons actuellement. Ils invoquent la partie subnasale de la face, aplatie et proche de celle des hominidés, et l'orifice du crâne par lequel passe la moelle épinière, lui aussi typique des hominidés. D'autres chercheurs, tout en reconnaissant qu'il ne s'agit pas d'un être de forêt dense mais d'un habitant de savanes, font remarquer ses petites canines et ses arcades sourcillières très caractéristiques de celles des gorilles.

Bien évidemment, on en saura plus si l'on réussit à reconstituer l'état du site d'il y a 7 millions d'années et si l'on retrouve de nouveaux ossements sur le territoire de Toumaï. De toute façon, préhumain en début de parcours ou grand singe primitif en bas de sa généalogie, Toumaï est une grande vedette, un jalon important dans l'histoire des primates (voir Nodé-Langlois, *Pour en savoir plus,* page 76.)

Pour en savoir plus :

B. Asfaw, W. H. Gilbert, Y. Beyene, W. K. Hart, P. R. Renne, G. WoldeGabriel, E. Vrba, T. D. White (2002), *Remains of* Homo erectus *from Bouri, Middle Awash, Ethiopia.* Nature 416 : 317-319

W. H. Calvin (1994), *The emergence of intelligence.* Scientific American 271 : 79-85

E. D. Carosella, N. Rouias-Freiss, P. Paul, J. Dausset (1998), *Comment le fœtus échappe aux défenses de sa mère.* La Recherche 307 : 36-38

L. L. Cavalli-Sforza (2001), *Genes, peoples and languages.* Univ. California Press, USA, pp 228

Y. Coppens, P. Picq (2001), *Aux origines de l'humanité,* Editrions Fayard, Paris, 2 vol.

B. David, B. Laurin (1997), *Quantifier les ressemblances entre espèces (la paléontologie à l'ère de la morphométrie géométrique et de l'ordinateur.)* La Recherche 296 : 82-83

J. Dausset (1998), *Clin d'œil à la vie. La grande aventure HLA.* Éditions Odile Jacob, Paris, pp 307

J. Dausset (2000), *Le Système HLA et les maladies* (rééd. de l'article de 1977). La Recherche 331 : 62-64

L. Duquesne de la Vinelle (1994), *Du Big Bang à l'homme.* Éditions Racine, Bruxelles, pp 168

B. Dutrillaux (1997), *Comment évoluent les chromosomes des mammifères.* La Recherche 296 : 70-75

B. Dutrillaux, F. Richard (1997), *Notre nouvel arbre de famille.* La Recherche 298 : 54-61

Fondation J. Dausset-CEPH (1999). *Activités de recherches.* Survey on the current status of « Genomes » research in the European Union. February 1999, Éditeurs Union Européenne, Luxembourg, pp 129-134.

Gallay (2001), *Les repas des premiers hominidés.* La Recherche 333 : 50-55

Y. Haile-Selassie (2001), *Late miocene hominids from the Middle Awash, Ethiopia.* Nature 412 : 178-180

F. Nodé-Langlois 2002, *Toumaï, nouveau grand-père ou vieux cousin.* Le Figaro, 11 juillet 2002, pp 10-11. (À lire aussi : article de A. Djimdoumalbaye et 37 co-signataires dans le numéro de *Nature* du 11 juillet 2002)

H. Reeves, J. de Rosnay, Y. Coppens, D. Simonnet (1996), *La plus belle histoire du monde.* Éditions du Seuil, Paris, pp 165

S. Pääbo (2002), voir *Gene activity clocks brain's fast évolution.* Science 296 : 233-234

P. Teilhard de Chardin (1969), *Comment je crois.* Éditions du Seuil, Paris, pp 294

T. D. White (2001), *Cannibalism among* Homo neanderthalis *and* H. antecessor. Scientific American 285 : 50-55

HOMO SAPIENS, 200 000 ANS APRÈS...

Des réalisations remarquables...

Il ne s'agit pas de présenter ici la liste des découvertes et exploits de l'homme depuis la maîtrise du feu jusqu'à l'analyse, bien incomplète il est vrai, de l'infiniment grand et de l'infiniment petit. Nous voulons simplement prendre pleinement conscience des progrès extraordinaires accomplis en quelques centaines de milliers d'années par les cousins des chimpanzés. *Homo sapiens* a progressivement franchi les étapes menant à la réflexion profonde, à l'abstraction, à l'enrichissement du langage et à l'approfondissement de la communication entre individus et entre générations. Doté d'une intelligence et d'un esprit d'entreprise sans doute uniques dans la nature que nous connaissons, il s'installe presque partout sur la surface du globe et finit par comprendre suffisamment la vie et la matière pour assimiler les lois de la physique, de la chimie et de la biologie. Au fil des siècles il a découvert les soins de santé, l'hygiène du corps, les premiers éléments de diététique, créé l'œuvre d'art (picturale et sculpturale, littéraire, musicale...), conçu la spéculation philosophique, construit des cathédrales et... perfectionné les différentes façons de guerroyer.

C'est ensuite l'épanouissement des sciences et des technologies et, finalement, la domestication, à de nombreuses fins utiles, des électrons et des atomes, des ondes radio et des rayonnements ironisants, des fibres optiques et des transistors, des molécules et des gènes, des cellules et des tissus… Dans la plupart des parties du monde, l'homme, qui a grandi de nombreux centimètres depuis le Moyen Âge et triplé son espérance de vie, peut immuniser, mettre ses prématurés en couveuse, procéder à des fécondations in vitro, greffer des organes et des tissus, séquencer l'ADN des chromosomes, transférer les gènes, construire de nouvelles molécules, trouver des sources d'énergie « propres » du type fusion, visiter la lune et les planètes du système solaire, envoyer des sondes vers le soleil et communiquer au travers de la voie lactée. Un jour, avec un peu de chance, il maîtrisera le graviton et déroulera les dimensions cachées de l'univers [pour des prédictions plus raisonnables, je ne vous renvoie pas à Jules Verne, rejoint par la réalité, mais à J. de Rosnay (1995), pour sa description de l'homme symbiotique, et à Stabbleford et Langford (1985) qui ont imaginé l'histoire de l'humanité, ses découvertes, ses réalisations et ses problèmes pendant la période 2001-3000].

Mais quand même beaucoup de motifs d'inquiétude…

Très variés, ils sont directement liés à la nature même de l'homme, intelligente, ambitieuse, et intolérante, de son besoin de plaisir et de fuite, de sa volonté de savoir, comprendre, domestiquer et asservir. La suite de ce chapitre sera consacré à la présentation des dangers que font courir à l'homme ses mauvaises habitudes, certaine de ses réalisations et l'égoïsme brutal et cruel de quelques uns de ses comportements.

Tout au long de son histoire, *Homo sapiens* n'a cessé de faire souffrir et de tuer

Qu'il s'agisse d'invasions et de conquêtes ou de l'élimination systématique d'une ethnie, d'une idée ou simplement d'une différence, *Homo sapiens* a passé, jusqu'à présent, une grande partie de son temps à exterminer son prochain. Sans même remonter à la préhistoire, les exemples d'intolérance ou de persécution se comptent par milliers. Souvenons-nous de nos cours d'histoire : le massacre des Cathares, au début du XIIIe siècle par Simon de Montfort, serviteur du Pape, l'Inquisition espagnole, la guerre de Trente ans, les 40 000 guillotinés de la Révolution française, l'éradication presque complète des Amérindiens dans les deux Amériques et des Aborigènes en Australie, les camps de concentration de la guerre des Boers en Afrique du Sud… La liste est longue, très longue, et l'on trouve, bien près de nous, les millions de juifs exterminés par Hitler, dans l'indifférence des Églises *, et par Staline, une suite sans fin de massacres ethniques en Afrique noire (800 000 massacrés en sept semaines au seul Rwanda), à Srebrenica (où les Serbes ont procédé au plus grand carnage jamais commis en Europe depuis la guerre de 39-45), en Arménie (par les Turcs), en Irak (de la main de Sadam Hussein), au Cambodge (Khmers rouges)… Et il faut aussi parler du massacre des étudiants chinois sur la Place Tien-An-Men à Pékin, des répressions au Tibet, conduites par les mêmes autorités qui organiseront les prochains J.O. de Pékin, de la guerre Israël-Palestine qui n'en finit pas de tuer, de la destruction d'une partie de Manhatan par des fanatiques musulmans…

* À voir, malgré un lancement publicitaire contestable, *Amen*, le film de Costa Gravas. À lire, *L'Église et les nazis* de Michael Phayer (2001).

Homo sapiens fume, boit et se drogue

Il s'agit là de l'incapacité de certains d'entre nous de respecter leur propre corps. Tabac, alcool, drogues douces, drogues dures, sans parler d'alcool à 90° et de colles…

Le tabagisme

Au travers des cancers, des maladies respiratoires et des troubles cardiaques qu'il déclenche, le tabac réduit fortement la durée de vie. Plus d'un cancer sur trois est lié au tabagisme. Alors que la consommation de tabac baisse un peu en Europe chez les hommes adultes, elle augmente chez les femmes et les garçons de 15-19 ans. En France, tous les ans, 300 000 jeunes commencent à fumer avec les encouragements des producteurs de cigarettes. Le comportement auto-destructif du fumeur, qui provoque chaque année 50 000 morts en France et plus de 500 000 morts dans l'Europe des quinze (statistiques INSERM et CE), n'est pas compatible avec les libertés individuelles. Par les soins médicaux que réclame le traitement des maladies du fumeur et par l'absentéisme sur les lieux de travail que provoquent ces maladies, le tabagisme coûte cher à l'État.

L'alcoolisme

Chaque année, 40 000 morts sont directement causées en France par la dépendance à l'alcool. Il convient d'ajouter à cette statistique les décès provoqués par la consommation d'alcool en combinaison avec un autre poison, du type tabac ou drogue, et les accidents de la route qui résultent de la conduite en état d'ivresse. L'excès d'alcool est cause de dépressions profondes, de suicides, de cancers, de cirrhoses du foie, de troubles cardiovasculaires et, par le relais des mères alcooliques, du syndrome de la mort subite chez le nouveau né. L'alcoolisme, de même que le tabagisme, est répandu dans les différentes couches sociales des populations. À partir de 13 ans, il se retrouve à toutes les classes d'âge.

Les drogues

Dans nos schémas mentaux, la drogue paraît beaucoup plus dangereuse que le tabac ou l'alcool. Cela sera peut-être le cas un jour mais, pour le moment, les statistiques (source C.E.) montrent que les morts de la drogue en Europe sont cent fois moins nombreux que ceux qui sont tués par le tabac. Cependant, entre 1985 et 1994 la progression des morts de la drogue a augmenté régulièrement de 10 à 20 % par an. Dans l'Europe Communautaire, le *Cannabis* demeure la drogue la plus utilisée. Quarante-cinq millions d'Européens, dont 25% des jeunes de 15 à 16 ans et 40 % des jeunes de 18 ans, ont goûté au *Cannabis* au moins une fois dans leur vie ; 15 millions d'entre eux en ont consommé au cours des 12 derniers mois qui ont suivi l'enquête. De 7 à 12% des accidents automobiles seraient provoqués par l'usage de la drogue. Par ailleurs, de nombreuses infections (SIDA, hépatite C, notamment) résultent de l'utilisation multiple des seringues qu'emploient les usagers de la drogue.

Homo sapiens pollue sa planète

Et il le fait très bien. Les équilibres écologiques s'effondrent un peu partout à la surface du globe, les eaux sont contaminées par toutes sortes d'éffluents d'élevage, d'engrais chimiques, de pesticides et de déjections d'usine... L'air des cités, porteurs de particules du type SO_2, oxydes d'azote ou ozone, devient irrespirable. Les grandes forêts, poumons de la planète, disparaissent et laissent leur place à la désertification. Les gaz à effets de serre, surtout le CO_2, s'accumulent autour de la Terre sans que les pays riches, et principalement les USA (voir Science, 2002), ne prennent d'initiatives

Réchauffement de la planète : « encore un mauvais coup de l'homme ! »

sérieuses pour ralentir le réchauffement de la planète. Par ailleurs, la couche d'ozone de la stratosphère qui fait écran à de nombreuses radiations solaires semble se dégrader *.

Dans la plupart des pays du Tiers Monde, la pollution, la désertification, la disparition ou la contamination des nappes phréatiques et l'accroissement des populations aboutissent à un déficit sans précédent en eau potable **. Cette disparition de l'eau potable, les mauvaises pratiques agricoles et les pénuries d'énergie produisent aujourd'hui en association avec les catastrophes naturelles, plus de réfugiés que les conflits militaires (Laurence Caramel, 2001). C'est beaucoup !

Homo sapiens joue avec les gènes

L'homme a découvert tout un éventail d'enzymes qui dirigent la synthèse de l'ADN, procèdent à l'excision de certaines séquences d'ADN défaillant et remplacent ces portions par des séquences d'ADN identiques à l'ADN initial. Ces enzymes et des techniques de détection particulièrement précises peuvent être utilisées par *Homo* — plus « *sapiens* » que jamais — pour identifier dans une cellule

* Nous ne pouvons, hélàs, pas nous débarrasser du mauvais ozone parisien (qui nous pollue) en l'envoyant dans la stratosphère boucher le trou du bon ozone (qui fait écran à de nombreuses radiations solaires). Si c'était possible, cela se saurait.

** Si la situation actuelle n'évolue pas, 3 ou 4 milliards d'individus pourraient manquer d'eau en 2025 (prédictions Suez et Nations Unies). En 40 ans, la capacité mondiale de dessalement de l'eau de mer est passée de 8 à 20 mille M^3/jour, soit une toute petite fraction des besoins du monde en eau non salée ; et pourtant, 12 500 usines sont implantées dans plus de 120 pays et les coûts de production ont été divisés par 2 (Chauveau, 2001). Les travaux en cours pour le recyclage des eaux usées, la découverte de nouvelles nappes phréatiques, un meilleur captage des eaux de pluie, le transport de l'eau, l'exploitation des icebergs, la réduction des pertes d'eau de terres agricoles… ne suffiront pas à empêcher l'accroissement du déficit actuel.

donnée la séquence d'ADN que l'on veut isoler, extraire cette séquences et l'insérer, sur un vecteur approprié (organite du cytoplasme ou chromosome du noyau), à l'intérieur d'une autre cellule. Autrement dit, le génie génétique permet désormais d'identifier et de localiser le gène ou segment d'ADN que l'on veut transférer et de l'introduire dans une cellule appartenant à un autre individu ou à une autre espèce. La technique, qui rend d'énormes services à la recherche fondamentale, débouche aussi sur de nombreuses applications médicales, industrielles et agricoles. Mais attention, il y a des risques (voir encadré page suivante) !

Conflits nucléaires

Il est inutile de s'appesantir sur ce risque considérable qui s'agrandit chaque fois qu'augmente le nombre de pays producteurs de bombes atomiques. Israël, l'Inde, l'Iran et le Pakistan sont, semble t-il, les derniers venus à ce club de plus en plus ouvert. La Turquie se joindrait à eux dans quelque temps. Rien n'indique, pour le moment, que les Nations Unies ou d'autres organisations internationales aient la volonté ou les moyens de faire procéder à un désarmement général. *Homo sapiens* parviendra-t-il à faire sauter la planète ?

Production d'énergie domestique par centrales nucléaires

C'est là l'exemple d'une technologie dangereuse que les pays occidentaux maîtrisent bien. Il n'y a jamais eu, que je sache, de mort d'homme à déplorer à la suite d'une exposition à des rayonnements provenant d'une centrale nucléaire de la Communauté. Le contraste avec les installations de

LES TRANSFERTS DE GÈNES

Utilité du génie génétique

Le génie génétique, qui a ouvert la porte au séquençage de l'ADN et aux transferts de gènes entre individus et espèces différentes, rend possible l'analyse détaillée de la fonction des gènes, de leur structure, de leur fonctionnement et de leur évolution depuis l'origine des premières cellules. Sur le plan des applications, le génie génétique permet notamment le diagnostic et, dans certains cas, la guérison des maladies génétiques, la production de très nombreux médicaments, la mise au point de nouvelles méthodes d'analyse et de détection, la synthèse de nombreuses molécules à usage médical ou industriel et la production de cellules transformées (microbiennes, animales ou végétales) à haute performance technologique ou agricole.

La manipulation de certains gènes ou de certains agents est dangereuse

Les organismes génétiquement modifiés (OGM) issus de transferts de gènes pathogènes ou de gènes soupçonnés de pouvoir prédisposer à un processus pathogènes doivent, au même titre que les microorganismes pathogènes, être strictement confinés. Certaines manipulations à haut risque sont à interdire complètement.

C'est effectivement ainsi que les choses se passent dans le monde occidental et notamment dans la Communauté Européenne où des directives précises sont en vigueur depuis de nombreuses années qui règlementent strictement, pour chaque catégorie de manipulations, le détail des obligations à respecter et des procédures à suivre.

Cette réglementation semble bien suivie. À ma connaissance, aucun accident grave de contamination de cellules animales ou de microorganismes par du matériel pathogène issu de travaux de recombinaison génétique, ou associé à eux, n'a été signalé dans la Communauté.

La production de plantes génétiquement transformées (PGM)

Le génie génétique est également utilisé pour la transformation de PGM. Il s'agit là de travaux, à risque pathogène nul ou faible *, entrepris pour introduire, généralement d'une espèce végétale à une autre, un caractère nouveau ou mieux exprimé.

Éviter la transformation accidentelle des espèces sauvages

Le problème préoccupant, lorsque l'on se livre à la production de plantes transgéniques, n'est pas seulement l'ampleur du risque susceptible d'être associé au transgène. C'est aussi la difficulté de confiner complètement la variété transformée lors de sa culture en plein champ *. Pour peu que cette nouvelle variété soit fertile et ait la capacité de se croiser (comme c'est le cas de la betterave avec des Chénopodiacées sauvages ou du colza avec le navet sauvage) à certaines plantes adventices qui envahissent le champ, tous les gènes qu'elle porte, transgène compris, pourront éventuellement s'introduire dans le patrimoine génétique de ces mauvaises herbes. On risque donc, dans certaines situations, si le transgène a vocation, par exemple, de transmettre une résistance spécifique à une maladie ou à un herbicide donné, d'avoir affaire dans un avenir plus ou moins long à des mauvaises herbes résistantes à cette maladie ou à cet herbicide. Ce n'est pas du tout ce que recherche le fermier.

Attention aux coccinelles et au papillon Monarque !

Un autre danger potentiel associé aux PGM résulte de la toxicité éventuelle des protéines produites par le transgène. Deux cas de dommages apparents ont été signalés et étudiés. Le premier (voir Joung, 2001) concerne des diminutions de durée de vie et de fertilité chez des coccinelles qui se nourrissaient de pucerons vivant sur des plantes transgéniques. Il semble, cependant, que ces dommages résultent, au moins en grande partie, des effets provoqués par le transgène sur la survie des pucerons. Les larves de coccinelles auxquelles on a donné plus de pucerons en compensation se sont développées normalement. Le deuxième cas se rapporte aux effets d'un maïs transgénique, capable de secréter un insecticide, sur des populations de chenilles du papillon Monarque qui parasitent des laiterons (plantes de la famille des Composées) en bordure de champs cultivés. L'analyse des dommages provoqués par l'insecticide sur ces papillons est encore en discus-

* Voir notamment une analyse de risques entreprise par 400 laboratoires Européens pendant la période 1985-2000 (Kessler et Economidis, 2001) et une revue de quelques rares cas de contamination détectés ou suspectés à ce jour en Europe et en Amérique du Nord (Joung, 2001.)

sion car sa méthodologie, très difficile, est contestée. Aux dernières nouvelles, une équipe de Newcastle on Tyne (Gatehouse *et al.*, 2002) a montré, à l'issue d'une enquête longue et rigoureuse, que le maïs transgénique incriminé ne représentait aucune menace significative pour le papillon Monarque.

Respecter l'utilité des herbes que nous appelons mauvaises

La résistance aux herbicides que l'on transmet aux plantes cultivées a souvent pour effet de provoquer un accroissement important des concentrations d'herbicide que choisissent les fermiers pour lutter contre les mauvaises herbes. Il peut en résulter une éradication massive de la flore sauvage dont la disparition impose parfois un état de famine à certains oiseaux granivores ou phytophages. Les alouettes seraient particulièrement vulnérables (Joung, 2001).

Ne pas entraver inutilement la production des PGM

Ces quelques cas, souvent mis en doute, et une opinion publique craintive, souvent abusée par des faux prophètes, ont conduit les Pouvoirs Publics de certains pays européens à exiger des recherches préliminaires très poussées chaque fois que l'on envisage la création ou l'utilisation d'une variété transgénique dont les effets sur l'environnement n'ont pas été testés. Ces contraintes ne doivent pas aboutir, pour autant, à la condamnation quasi systématique des PGM, à la destruction illégale d'essais en cours (c'est une pratique courante, en Europe, des mouvements écologiques) ou au ralentissement des travaux de recherche pour la production de nouvelles méthodes de génie génétique appliquées à l'amélioration des plantes. La qualité de la recherche agronomique et la compétitivité de l'agriculture dépendent, pour une partie très importante, des applications du génie génétique aux plantes cultivées.

C'est grâce au génie génétique que l'on pourra, un jour, transmettre le mécanisme de la fixation de l'azote atmosphérique, tel qu'il fonctionne naturellement chez les légumineuses, à d'autres familles de plantes *. En attendant, de très nombreux caractères utiles pourront bientôt être exploités par l'homme car les applications sont innombrables. Il est désormais possible de remplacer les pesticides et les produits chimiques par des gènes de résistance aux maladies, d'introduire en régions arides des plantes transgé-

* L'utilisation en agriculture d'engrais azotés qui polluent considérablement nos nappes phréatiques pourrait alors être abandonnée ou réduite.

Génie génétique : fantasmes !

niques résistantes à la sécheresse ou de construire des variétés adaptées aux terres salées. La liste des nouvelles variétés de plantes produites par le génie génétique est déjà longue (voir Zhang et Blumwald, 2001 ; Kleter *et al.*, 2001) : tomates résistantes au sel et riches en anti-oxydants, betteraves à sucre à basses calories, riz riches en fer, provitamine A et anti-oxydants... Même la production de certains médicaments et vaccins destinés à l'homme ou aux animaux domestiques peut être facilitée par l'intervention de plantes transgéniques. En 2000, la compagnie Axis Genetics a commencé les tests cliniques du premier vaccin humain contre l'hépatite B issu d'une plante. Malheureusement, faute de financement, cette société a fait faillite. Axis Genetics a invoqué l'hostilité publique contre les PGM pour justifier son incapacité à récolter les fonds nécessaires (Joung, 2001).

Éthique et génie génétique

Enfin, il faut faire attention à ne pas confondre risque et morale. De nombreuses applications du génie génétique à l'homme ne comportent aucun risque épidémiologique et n'en demeurent pas moins inacceptables sur le plan de l'éthique (pour une discussion éclairée sur ce sujet, voir Pompidou, 1990). Il s'agit, en particulier, des transferts de gènes ou des substitutions de noyaux cellulaires appliqués à des cellules souches pré-embryonnaires ou de l'utilisation d'embryons surnuméraires (E. S.) comme sources de cellules totipotentes. Pour le moment du moins, personne * ne songe sérieusement, avec un tel matériel, à produire des êtres humains. L'objectif actuel, beaucoup plus accessible, est de se servir des cellules saines, totipotentes et compatibles qui constituent les embryons surnuméraires pour des reconstitutions d'organes ou le rétablissement de fonctions normales dont ont besoin de très nombreux malades condamnés ou incurables. C'est ce que l'on appelle le clonage thérapeutique. À court ou moyen terme, il devrait être possible, pour le pratiquer, de faire appel à d'autres cellules que des cellules embryonnaires. Déjà, à l'Institut des Cellules Souches de l'Université du Minnesota, une équipe dirigée par la belge Catherine Verfaillie a découvert dans la moelle osseuse de mammifère des cellules souches capables de se différencier et de donner naissance à tous les tissus de l'organisme dont elles proviennent (voir Nau, 2002).

* Un laboratoire italien aurait toutefois entrepris le clonage d'un homme stérile désireux de s'assurer une descendance. Une naissance serait prévue pour l'hiver 2002-2003.

Génie génétique : attention aux erreurs !

Tschernobyl en ex-URSS illustre pleinement la nécessité d'une bonne gestion, d'une technologie fiable et d'un matériel de qualité. Le risque d'accidents consécutifs à de mauvaises manipulations a encore diminué dans les centrales de l'Europe Communautaire avec la création et la mise en service de plusieurs séries de robots perfectionnés capables d'assurer l'entretien et la réparation des machines ainsi que le transport des charges dans un milieu hautement radioactif.

Par ailleurs, le problème très important de la persistance d'éléments radioactifs à grande longévité dans les déchets nucléaires recyclés est en passe de trouver un début de solution. Des recherches financées par la C.E. ont en effet permis la synthèse de molécules « cages » capables de piéger et de trier certains radio-éléments particulièrement dangereux (cesium et actinides). Ces radioéléments pourront désormais être enfouis séparément, en isolation, dans les couches géologiques profondes.

Bien évidemment, ni les robots, ni la possibilité de nettoyer les déchets radioactifs ne réduiront jamais les risques de pollution et de dommages à l'homme qui sont associés à la destruction d'un réacteur nucléaire par la chute d'un avion, une bombe ou un tremblement de terre. C'est sans doute là, en attendant la construction de réacteurs inaccessibles ou incassables, que réside la plus grande menace des centrales nucléaires actuellement en service.

Pour que l'atome nous livre enfin une énergie presque « propre » il faudra cependant attendre l'avénement de la « fusion » (voir notre premier chapitre). Il s'agira d'une énergie, pratiquement inépuisable, produite par la fusion d'éléments atomiques (en l'occurrence le deutérium, un isotope de l'hydrogène, et le tritium, lui même obtenu à partir du lithium) très abondants dans la nature et facile à obtenir. Le seul problème écologique important concernera la radioactivité des structures du réacteur. Il sera résolu, dans la pratique, par l'utilisation de matériaux de construction à faible nombre atomique. Avec les USA (incertains pour le moment), la Russie et le Japon, l'Union Européenne participe activement à un effort international de recherche (le projet ITER) qui pourrait, si les hommes politiques ont le courage d'intensifier une action dont ne bénéficieront que les futures générations, mettre l'énergie de fusion à la disposition de la planète avant la fin du siècle en cours.

Afrique : un bien mauvais départ

L'Afrique noire se meurt

Si la tuberculose demeure la première cause de mortalité au monde, le paludisme est de nouveau en tête de liste en Afrique sub-saharienne. Quotidiennement, sur l'ensemble de l'Afrique, les maladies transmissibles tuent 10 000 africains. Quarante millions d'individus, dont la majorité habitent l'Afrique, souffrent du SIDA qui a déjà tué 20 millions de personnes au cours des dernières années. Chaque jour, 8 500 enfants sont infectés par ce virus ! Partout, la vulnérabilité aux épidémies est étroitement associée au degré de misère et à la malnutrition qui, à la fin de 2001, affectait 800 millions de personnes dans le monde dont plus de 500 millions en Afrique. Elle résulte aussi de l'ignorance et de l'exploitation de l'enfance. Pour l'ensemble du Tiers Monde, dont évidemment l'Afrique noire, 130 millions d'enfants sont privés d'école ; des dizaines de millions d'entre eux sont livrés à la prostitution.

Opérations mains sales

Un livre (La Françafrique, de F-X Verschave), plein de colère, précis et très documenté, sorti en 1998, est consternant parce qu'il montre combien les européens, et notamment mes compatriotes, ont pu faire de mal à l'Afrique au cours des 40 dernières années. Nous savions déjà que les relations entre certains intérêts occidentaux et de nombreux pays africains n'étaient pas toujours claires et qu'il y avait une certaine confusion entre la para-diplomatie et les affaires privées mais qui aurait pu imaginer qu'elles faisaient intervenir un enchevêtrement de réseaux politiques, de filières occultes, de blanchiment d'argent sale et de corruptions de toutes sortes ?

Grâce à Verschave, nous prenons conscience des responsabilités de « l'homme blanc » dans le génocide du Rwanda où périrent (avril-mai 1994) plus de 800 000 personnes en 7 semaines, à un rythme d'extermination 5 fois plus élevé qu'à Auschwitz. Verschave va même (p 32) jusqu'à parler du « *génocide* (rwandais) *comme marchepied de la grande géopolitique française* ». De nombreux experts, sans partager explicitement un tel jugement, confirment l'incroyable gâchis provoqué par la politique française en « Françafrique ». Voir l'émission consacrée au Rwanda par France Inter et Monsieur X, les 16 et 23 novembre 2001, où l'on trouve la confirmation des conséquences (prévisibles et prévues) de l'appui militaire français (livraisons d'armes, de missiles et d'hélicoptères ; formation des milices ; appuis logistiques) aux forces Houtous qui accompliront « l'épuration rwandaise ». La responsabilité des gouvernements de l'époque et des nombreux hommes politiques de tout bord qui ont pataugé pendant de nombreuses années dans la boue africaine paraît tristement évidente. Encore un très mauvais point à attribuer à *Homo sapiens.*

Le risque terroriste

Les événements tragiques de New York et de Washington sont dans toutes les mémoires mais les Occidentaux ne doivent pas pour autant oublier les menaces, certes moins lourdes, que font peser sur eux de nombreux petits réseaux dispersés à travers le monde. Aux terroristes politiques ou religieux, adversaires fanatiques de la démocratie, risquent de se rallier les désespérés de la pauvreté et de l'horizon bouché dès la naissance.

Pour le moment, l'action terroriste est encore fragmentaire. Gardons nous de l'aider à s'unifier et à transformer en guerres de religion ou en conflits de civilisation des mouvements essentiellement inspirés par le fanatisme de quelques uns, la misère des masses et l'ignorance de tous. Sans doute faut-il arrêter les vrais coupables et tout mettre en œuvre pour soigner, nourrir et instruire les autres.

Pour en savoir plus :

D. Baudis (1996), *Raimond le Cathare*. Éditions Ramsay, Paris, pp 346

L. Caramel (2001), *Trois milliards de personnes pourraient manquer d'eau en 2025*. Le Monde du 13/11 : vii

J. Chauvau (2001), *Suez et Vivendi Environnement emportent des marchés de dessalement d'eau*. Les Échos du 12/08 : 27

J. Delors (1994), *L'unité d'un homme*. Éditions Odile Jacob, Paris, pp 397

A. Frank (édition 1950), *Le journal d'Anne Frank*. Éditions Calmann-Levy, Paris, pp 318. (2001)

A. M. R. Gatehouse, N. Ferry, J. M. Raemaekers (2002), *The case of the monarch butterfly : a verdict is returned*. Trends in genetics 18 : 249-250

E. Joung (2001), *Aliments transgéniques : panacée ou ennemi publique n° 1*. Le Courrier des C.E. 184 : 17-20

C. Kessler, I. Economidis (2001), *EC sponsored research on safety of genetically modified organisms (a review of results from 82 transnational research projectsfrom 1985 to 2000)*. Office for official publications of the European Communities, Luxembourg, pp 247

G. A. Kleter, W. M. van der Krieken, E. J. Kok, D. Bosch, W. Jordi, L. J. W. J. Gilissen (2001), *Regulation and exploitation of genetically modified crops*. Nature/Biotechnology 10 : 1105-1106

J.-Y. Nau (2002), *Des cellules souches adultes très prometteuses ont été découvertes*. Le Monde, 22 juin 2002, p. 27

P. Phayer (2001), *L'Église et les Nazis*, traduit de l'anglais. Édition Liana Levi, Paris, pp 458

A. Pompidou (1990), *Souviens toi de l'homme*. Éditions Payot, pp 260

J. de Rosnay (1995), *L'homme symbiotique : regards sur le troisième millénaire*. Éditions du Seuil, Paris pp 349

Science (2002), *Editorial : Battle over IPCC chair renews debate on US climate policy*. Science 296 : 232

B. Stableford (1985), *The third millenium. Editions Sidgwick & Jackson*, London, pp 224

F-X Verschave (1998), *La Françafrique, le plus long scandale de la République*. Éditions Stock, Paris, pp 380

H-X Zhang, E. Blumwald (2001), *Transgenic salt-tolerant tomato plants accumulate salt in foliage but not in fruit*. Nature/Biotechnology 19 : 765-768

AVEC OU SANS DIEU ?
Une approche personnelle et engagée

> « *... nous en sommes précisément arrivés à ce point délicat d'un réajustement nécessaire. Et comment pourrait-il en être autrement ? L'expérience de notre Christologie est encore exactement la même que celle qui pouvait suffire, il y a 3 siècles, à des hommes dont les perspectives cosmiques nous sont devenues physiquement irrespirables* ».
>
> Teilhard de Chardin,
> *Comment je crois*

Jusqu'à présent, cette brève initiation à notre univers et à notre humanité a toujours été centrée sur des connaissances scientifiques indiscutables ou sur des hypothèses qui se vérifient ou s'infirment au fur et à mesure de l'expérimentation ou de l'observation. La démarche fut dans tous les cas rationnelle et impartiale.

En abordant ce dernier chapitre consacré à la foi en Dieu je perds sans doute mon objectivité. Mon engagement est cependant beaucoup plus faible et hésitant que l'on pourrait le croire. Dans mon examen des dogmes et des enseignements que nous présentent le catholicisme et les autres religions monothéistes, je rejette systématiquement toute

« vérité » qui contredit l'information scientifique dont nous disposons. Ce n'est qu'après cette sélection que je commence à m'interroger. Tout ce que j'ai fait pour le moment, et cela devrait apparaître à la fin de ce chapitre, c'est chercher.

Mes premiers pas dans une église

Il y eut tout d'abord les visites de reposoirs avec ma mère pendant l'après-midi du Jeudi Saint dans les différentes églises de Casablanca. Je devais avoir cinq ou six ans et je me souviens de la pénombre silencieuse à l'église des Clarisses (près du parc de l'Ermitage) que les bougies ne parvenaient ni à éclairer ni à animer, et du petit serrement de cœur qui s'emparait de moi en quittant le grand soleil et les eucalyptus de la cour d'entrée en terre battue pour la nuit du « Bon Dieu ». Je me souviens aussi, plus tard, des retraites de catéchisme à la Cathédrale du Sacré-Cœur pendant lesquelles nous récitions le chapelet et entonnions d'interminables cantiques à la gloire d'un Dieu qui me paraissait effrayant. Je me rapelle de l'un d'entre eux, martial à souhait, qui commençait par « *Parle, commande, règne...* », et me faisait penser à un roulement de tambour.

Une fois par mois, nous affrontions les confessions. Après des queues sans fin, elles débouchaient, elles aussi, sur des Pater et des Ave... Et puis, les messes en latin, auxquelles je ne comprenais pas grand chose sinon que « *ceux qui n'y allaient pas risquaient le feu de l'enfer éternel et devaient se confesser immédiatement* ». Ma mémoire d'enfant mélangea, en vrac, ce qui aurait dû être l'essentiel, les Évangiles, avec tout le reste, Jeanne d'Arc (*la Sainte que le Dieu de l'Univers avait envoyée et guidée pour que soient battus les anglais*), les miracles de Lourdes, de Fatima et de Pontmain, les « indulgences » qui se gagnaient par années entières et permettaient de réduire d'autant la durée de notre passage en purgatoire, les fumées de l'encens derrière lesquelles disparaissaient, aux grands messes, l'autel et l'officiant…

Des rencontres providentielles…

Heureusement, j'ai aussi connu un tout autre Christianisme… D'abord, à notre paroisse du Boulevard Denis Papin, au quartier Bourgogne de Casablanca, en écoutant les sermons du Père Cornelis *, et puis, pendant trois années consécutives, en participant au pèlerinage de Tioumliline dans les forêts de cèdres de l'Atlas. Il me semblait que le Christ pouvait faire sentir sa présence à qui le souhaitait vraiment.

Il y eut ensuite mon passage à Paris, au pavillon du Maroc de la Cité Universitaire, une appartenance au groupe Ad Lucem et des rencontres avec des jeunes prêtres engagés qui consacraient leur temps libre à essayer de soulager la misère des rues et les paumés de Paris. Là aussi, j'ai trouvé des hommes courageux et bons qui rayonnaient vraiment leur Christianisme. Des hommes du même calibre – qu'ils soient catholiques, protestants, musulmans ou juifs – il y en a beaucoup de par le monde. Encore faut-il être attentif à les rencontrer et accepter de se remettre en question.

* Il choisissait des thèmes importants, à l'époque jamais abordés en chaire, comme *Les grandes religions du monde* qu'il traitait tout au long de l'année. Ses paroles ne plaisaient pas à tous car il avait des mots durs contre les « pharisiens ». Je me souviens de l'immense colère qu'il avait exprimée, un dimanche matin en chaire, pour nous apprendre que des paroissiens étaient intervenus auprès de la police pour que soit chassée du quartier une troupe de forains ambulants. Il était aussi très sévère à l'égard des catholiques, relativement nombreux à Casablanca, qui refusaient d'admettre l'accession du Maroc à l'indépendance. Bref ! Il avait beaucoup d'ennemis, mais c'était un homme exceptionnel.

Le merveilleux…

En fait, il est partout. Songeons par exemple aux différentes étapes de la création de notre univers. Que de choses extraordinaires ! Des particules élémentaires, peut-être les fameuses cordes, et une énergie fabuleuse ont donné naissance aux constituants des atomes et, à partir de là, un enchaînement inimaginable s'est déroulé dans l'espace : atomes, molécules, galaxies d'étoiles, planètes, la Terre, son atmosphère, les océans, l'ADN, les protéines, la bactérie, les mammifères, les primates, l'homme, et à l'Ouest, face à la mer, le Blair… Des événements et une histoire imprévisible dont nous savons encore si peu et qui laissent la porte ouverte à toutes les hypothèses. Qu'y a t-il derrière le Big Bang ? Une partie endiablée de Monopoly, jouée par les Golden Boys d'une autre dimension et d'un autre univers, sur le tapis de notre cosmos ? Un Monopoly dont les galaxies de périphérie seraient les quartiers chics, les étoiles des hôtels, les planètes des terrains à ensemencer et les trous noirs des cases « prison » ? Pourquoi pas, après tout ! Mais il est également possible d'imaginer un Dieu, le Christ-Évoluteur qui, comme l'explique Teilhard de Chardin (*Comment je crois,* p. 209), ne peut créer que par un processus évolutif. Ce processus, dans le cas de notre univers, commence au plus tard à partir des conditions qui ont rendu possible le Big Bang.

La proposition du Christ-Évoluteur (et Universel) que nous soumet Teilhard ne prouve rien mais rend tout possible. Au non-chrétien, elle impose simplement de donner autant de crédibilité à la proposition Teilhardienne qu'il en apporte à l'hypothèse des Golden Boys jouant au Monopoly ou à toute autre explication également invérifiable, pour le moment, de l'origine du temps, de l'espace et de la matière. Au chrétien, elle permet de sortir de l'hypothèse, insoutenable avec nos connaissances actuelles, d'une création anthro-

Les Golden Boys de la 17e dimension.

pocentrique de la Terre, distincte et indépendante de celle du reste de l'univers.

Le Christianisme doit rajeunir et se renouveler

C'est la conclusion catégorique de Teilhard de Chardin (*Comment je crois*, p. 206). *Autrement dit,* écrit-il, *dans la crise présente où s'affrontent sous nos yeux et dans nos cœurs, les forces chrétiennes traditionnelles et les forces modernes de l'évolution, ne faut-il pas simplement reconnaître les péripéties d'une providentielle et nécessaire fécondation.*

Il est évident qu'il a raison et que l'Église ne doit pas différer indéfiniment ses réformes. Elle devrait tenir compte davantage de la réalité évolutive de l'univers et accepter, comme le demande Teilhard, la prise en compte de la connaissance scientifique moderne. Des efforts importants, nous le verrons plus loin, ont été développés par Vatican II qui ne paraissent pas avoir suffi. Il faut que l'Église continue de vouloir se transformer. Les persécutions dont la science a été victime par le passé s'expliquaient en partie par la quasi-certitude des Églises de livrer le combat du bien contre le mal, de la vérité contre l'erreur. Cependant, l'aveuglement des Églises, dont je donne quelques exemples ci-dessous, ne doit pas se prolonger au 3e millénaire.

Les grandes erreurs du passé

Le procès de Galilée (Santillana, 1955), instruit par 10 cardinaux incapables de comprendre ses travaux, et la condamnation du savant en l'absence de toute défense constituent un bel exemple de la persécution non stop de la science par l'Église *. Il fallut en effet attendre le 31 octobre 1992, soit un tiers de millénaire, pour que Jean-Paul II réhabilite Galilée. La terre peut enfin tourner autour du soleil et la lune aussi…

Avant Galilée, Giordano Bruno, un prêtre dominicain qui enseigna au Collège de France et à Oxford, fut brûlé vif par l'Inquisition en 1600 pour avoir notamment déclaré que l'univers était infini et suggéré la présence dans cet infini de milliards de planètes comparables à la nôtre. Ses thèses, qu'Allègre assimile à une première ébauche du rationalisme moderne, furent immédiatement condamnées et combattues, aussi bien (ou plutôt aussi mal) par les catholiques que par les protestants calvinistes de Genève, les luthériens allemands ou les anglicans. Le Christianisme volait encore bien bas à cette époque.

Un autre conflit d'importance entre les Églises (catholique, protestante, juive et musulmane) ** et la Science a concerné l'âge de la Terre, 4 000 ans d'après la Bible, 4,55 milliards d'années pour les scientifiques ! La polémique a fait rage au XIXe siècle et s'est finalement éteinte, en dépit de la contestation continue de certains créationnistes américains, devant l'évidence scientifique.

Autant d'aveuglement a marqué l'attitude des Églises catholique et anglicane contre Darwin et sa théorie de l'évolution par la sélection naturelle (voir le chapitre sur l'évolution). À l'exception de quelques prêtres (le Père Leroy, le jésuite Hate, le Père Mousaki, cités par Allègre, 1997) qui défendirent les idées de Darwin, les hommes de

---

* Cependant, voir Allègre (1997) pour des références à l'arrogance de Galilée, son orgueil et son manque de rigueur scientifique. Pour un inventaire de la recherche scientifique aux XVIe et XVIIe siècles et les réactions de l'Église contre les novateurs, consulter Mousnier (1954).

** On ne peut qu'en vouloir aux Églises, toutes les Églises, pour avoir repoussé la science et propagé de fausses vérités. Ceci étant dit, il faut bien reconnaître que ce sont les Églises, c'est à dire les religions, qui ont en grande partie construit les civilisations du monde.

Dieu ne purent accepter la présence d'un singe dans la généalogie du Christ ! Procédant de plus en plus souvent par hommes de sciences interposés, les théologiens résistèrent longtemps à la théorie de l'Évolution. Il faudra la preuve irréfutable, par l'analyse chromosomique et le séquençage de l'ADN des Primates (voir le chapitre *Un homme à la Terre*), de l'étroite parenté de l'homme et des grands singes pour que cesse enfin le débat.

La médecine et la recherche médicale, pour des raisons différentes, n'ont pas été beaucoup mieux traitées par les religions que ne le furent l'astronomie, les sciences de l'évolution et la géologie. Alors que le Christ avait guéri le paralytique, au XIIe siècle la médecine fut interdite aux clercs et la dissection des morts condamnée. Cette attitude, atténuée pendant la Renaissance, se poursuivit jusqu'au XIXe siècle, après la défaite de Napoléon, lorsque quelques catholiques et protestants s'opposèrent à la vaccination antivariolique. Il ne s'agissait pas, souligne Allègre, de défendre un dogme mais de laisser la maladie, la souffrance et la mort sanctionner la faute originelle.

Même le prodigieux Teilhard de Chardin, dont la pensée souvent clairvoyante a ramené tant d'intellectuels au Christianisme, a été privé par sa hérarchie d'enseignement et de chaire au Collège de France. Ses manuscrits furent sévérement contrôlés et, lui même, contraint à l'autocensure et à l'exil.

Il serait pourtant injuste de penser que seuls les « religieux » se sont opposés aux découvertes de la Science. Avec son objectivité habituelle, Allègre nous apporte de nombreux exemples d'intolérance laïque. Auguste Comte en personne avait récusé les atomes *que l'on ne voit pas*, et qui s'écartent donc de la pensée positiviste, le microscope *qui déforme notre vision*, et le calcul des probabilités qui veut *déterminer* le monde (Allègre, p. 83). Berthelot interdit à l'Académie des Sciences toute publication se rapportant aux atomes et aux molécules ! Jean Jaurès et Emile Zola, pour ne citer que des personnages notoires, ont eux aussi combattu ce malheureux atome au seul nom de l'anticléricalisme. Heureusement, aucun bûcher ne fut allumé.

Vers une recherche permanente dans les Églises et avec les Églises

Des structures de refléxions ont été créées

Les Églises chrétiennes, notamment l'Église catholique, ont révisé un grand nombre de leurs attitudes et acceptent maintenant davantage la discussion. Rome a pris conscience de la perplexité de nombreux chrétiens devant des doctrines et des dogmes qui contredisent les réalités scientifiques. De nombreux groupes de recherche (du type « Science et sens », « Science et foi »...) ont été récemment mis sur pied. Une organisation œcuménique (ESSST : European Society for the Study of Science and Theology) a été créée en Europe et le Vatican a développé des organismes pilotes (l'Observatoire du Vatican et l'Académie Pontificale des Sciences) pour l'établissement d'un véritable dialogue entre scientifiques et croyants *. Le Pape lui-même a souligné à plusieurs reprises la nécessité de ce dialogue : « *Il est évident que les disciplines scientifiques, elles aussi, nous fournissent une compréhension et une évaluation de notre univers dans sa globalité, et de l'incroyable et riche diversité des processus et des structures qui constituent ses composants animés et inanimés. (...) Avons nous le désir de courir le risque de l'honnêteté et du courage que requiert cette tâche ?* **

---

* Voir Collectif (1999), *La place du scientifique dans l'Église.*

** Voir Jean-Paul II (1999), Colloque *Physics, Philosophy and Theology,* organisé par l'Observatoire du Vatican

L'Église semble prête à remplacer, au contraire de ce que réclamait au XIXe siècle le pamphlétaire d'extrême droite Bonald (voir Santillana, 1995, Préface pour l'Édition française), *l'évidence de l'autorité par l'autorité de l'évidence.*

Le besoin de discuter et de reformuler

Un exemple de la nécessité d'une discussion est peut-être celui du mystère de l'Incarnation. Le Christ, issu d'une parthénogenèse (reproduction sans qu'il y ait fécondation de l'ovule par un gamète mâle), était-il haploïde (porteur de 23 chromosomes, c'est-à-dire d'un seul jeu de chromosomes) ou un homozygote complet (développé à partir d'un ovule dont le nombre de chromosomes aurait doublé spontanément) ? Dans les deux cas, haploïde ou homozygote complet totalement consanguin, l'enfant de Marie, si les lois naturelles s'appliquaient à lui, n'aurait probablement pas survécu. L'hypothèse d'un ovule diploïde hétérozygote portant chacun des 46 chromosomes de Marie est également peu vraisemblable puisque le Christ appartiendrait alors au sexe féminin. On peut, certes, tout expliquer en attribuant à Marie un génome exceptionnel ou en invoquant des échanges extraordinaires entre les autosomes et les chromosomes qui déterminent le sexe. Encore une fois, la même question se pose. Pourquoi un Dieu-Évoluteur transgresserait-il les loi d'une nature créée par lui-même et que nous parvenons, grâce à l'intelligence qu'il a bien voulu nous transmettre, à admirer et à comprendre chaque jour davantage ?

Un autre problème auquel les scientifiques sont également soumis est celui de l'arrivée de l'« âme » chez les humains. Remonte-t-elle à 15 millions d'années, au Kenyapithèque que l'on soupçonne d'être l'ancêtre commun du chimpanzé et de l'homme ? Intervient-elle chez des espèces intermédiaires, par exemple *Australopithecus amanensis* ou *Homo abilis,* ou fut-elle réservée au seul *Homo sapiens* ? La situation est d'autant plus confuse que les premiers hominidés se sont probablement croisés dans de nombreuses directions, en avant avec des souches nouvelles et à rebours vers les souches ancestrales. Le problème s'inscrit dans ce que Teilhard de Chardin appelle l'*humanisation par évolution* (*Comment je crois*, p. 169).

Sur de nombreux sujets — sinon tous —, le conflit avec la science pourrait se dissiper assez facilement à la condition de n'attribuer à certains textes de l'Écriture qu'une signification symbolique (voir notamment Allègre, pp 232-234). L'exemple classique, très souvent cité, est celui de la datation de l'arrivée des différentes formes de vie sur notre planète. Aucun théologien n'hésite désormais à assimiler à des périodes cosmiques les six jours prévus par la Bible pour l'arrivée de la vie sur la terre. En fait, l'ordre d'apparition des espèces que nous donnent les anciens textes correspond assez bien à ce que nous savons aujourd'hui de l'émergence des différentes formes de vie sur la terre (voir le chapitre sur la diversité et l'évolution).

Il faudrait maintenant pouvoir appliquer une interprétation aussi libérale à d'autres paroles bibliques. Je pense, par exemple, à une nouvelle formulation du dogme de la transsubstantiation que beaucoup de catholiques n'arrivent pas à accepter sous sa forme actuelle. Cette nouvelle formulation est d'autant plus indispensable qu'elle constitue la principale pierre d'achoppement entre catholiques et protestants. Ces derniers ne comprennent pas pourquoi le Christ, en accomplissant cette transformation du vin en sang et du pain en chair, serait allé à l'encontre d'une chimie universelle, qui elle-même procède de Dieu.

Et si l'Univers n'avait aucun sens ?

Il est évident que même une révision substantielle du *Credo* des religions ne pourra convaincre ceux qui, comme Jacques Monod (1970), estiment, arguments à l'appui, que la vie résulte du hasard (pas de Dieu Évoluteur, pas même de Golden Boys) et ne dépend en aucune façon d'un dessein universel. Le Cosmos est une absurdité.

Personnellement, je ne le crois pas, car les structures et les hiérarchies de la matière et de la vie me paraissent trop organisées et merveilleusement ingénieuses pour se réclamer du seul chaos. Mais c'est de Duve (1995) qu'il faut lire à ce sujet, notamment les pages 474 à 497 qu'il consacre à une comparaison très objective des positions de Monod et de Teilhard de Chardin. La conclusion du Prix Nobel belge, lui-même acquis à la thèse d'un Univers « signifiant », est des plus raisonnables : « *... ce qui est important n'est pas la vérité absolue, probablement inaccessible à notre niveau de développement, mais la recherche de la vérité.* » Il faut l'adopter.

Voir les vrais miracles ?

Les Miracles de l' Évangile constituent évidemment un obstacle à la foi de certains chrétiens. À vrai dire, que ces miracles émanent de Dieu ou des Golden Boys de la 17e dimension, personne ne met vraiment en doute la possibilité de leur réalité. Dans les deux cas, nous avons affaire à des autorités tout à fait capables de les effectuer. L'objection concerne davantage la vraisemblance et la nécessité de miracles aussi peu en harmonie avec les véritables souffrances de l'homme tout au long des famines, des épidémies et des massacres de son histoire. Les miracles auraient sans doute été plus crédibles à Auschwitz ou au Rwanda qu'à Cana et à Lourdes.

Mais quelle importance ? Songeons à une tempête de neige, à l'éclosion de plusieurs dizaines de milliers de poissons chats dans les eaux d'une rizière, au jaillissement du Big Bang, à la formation d'une galaxie, aux dinosaures, au travail des enzymes pendant la digestion ? Voilà peut-être les vrais miracles, le sujet de notre émerveillement...

Il peut paraître paradoxal de parler d'union et d'esprit devant une humanité déchirée. Pas tellement, car au-delà des conflits, il y a une conscience universelle qui s'est créée autour du besoin profond de l'âme humaine de s'élever au dessus de sa condition animale. Il existe des valeurs universellement reconnues et vénérées par tous les hommes, quelles que soient leur culture, leur religion, leur philosophie et leur couleur de peau, pour culminer dans l'essentiel : le respect de l'autre.

Jean Dausset (1998)

Pour en savoir plus :

C. Allègre (1997), *Dieu face à la science.* Éditions Fayard, Paris, pp 249

E. Bone (2001), *Le jour où Teilhard rencontra le Sinanthrope.* Louvain 120, Université Catholique de Louvain-Fédération des Alumni, juillet-Aout 2001 : 18-20

Collectif (1999), *La place du scientifique dans la vie de l'Église.* Des Questions Scientifiques 170 : 1 (revue publiée par la Société Scientifique de Bruxelles).

J. Dausset (1998), *Clin d'œil à la vie. La grande aventure HLA.* Éditions Odile Jacob, Paris, pp 307

C. de Duve (1995), *Poussière de vie (Une histoire du vivant).* Éditions Fayard, Paris, pp 588

Jean-Paul II (1988), Préface aux c. r. du Colloque *Physics, Philosophy and Theology,* organisé par l'Observatoire du Vatican. Éditions de l'Observatoire du Vatican.

J. Monod (1970), *Le hasard et la nécessité.* Éditions du Seuil, Paris, pp 341

R. Mousnier (1954), *Les xvie et xviie siècles. Les progrès de la civilisation européenne et les déclins de l'Orient (1492-1715),* Presses Universitaires de France, Paris, pp 605

M. Phayer (2001), *L'Église et les Nazis,* traduit de l'anglais, Édition Liana Levi, Paris, pp 379

G. de Santillana (1955), *Le Procès de Galilée.* Édition Le Club du Meilleur Livre, Paris VI, pp 458

P. Teilhard de Chardin (1969), *Comment je crois.* Éditions du Seuil, Paris, pp 294

TABLE DES MATIÈRES

PRÉFACE 5

INTRODUCTION 13

DANS LA NUIT NOIRE ET DÉSERTE,
IL Y A LONGTEMPS… 15

LE SYSTÈME SOLAIRE 29

VIE SUR TERRE 39

ÉVOLUTION ET SÉLECTION NATURELLE 49

UN HOMME À LA TERRE 63

HOMO SAPIENS, 200 000 ANS APRÈS… 77

AVEC OU SANS DIEU ?
Une approche personnelle et engagée 97

Achevé d'imprimer en novembre 2002
sur les presses des Nouvelles Imprimeries Havaux
à Nivelles (Belgique).